致力于推广"先语言文化，后认字"的创新式海外中文教育

同乐中文
www.tonglechinese.org
出品

海外中文教育的探索

李碧涛 著

书　　名　海外中文教育的探索

版　　本　2.0 – 丁酉年仲夏

著　　者　李碧涛

出版发行　同乐中文学校 Tongle Chinese School

标准书号　ISBN 978-1-947612-00-6

网　　址　www.tonglechinese.org

电子邮件　tonglechinese@hotmail.com

目 录

前　言

海外中文教育，或许是大部分海外华人家长共同关心的话题。中文教育原非鄙人学之所专，为了带娃学中文，开启了对海外中文教育的探索。在最开始的时候，总困惑于一个问题：为数众多的海外华人来自国内的学习精英，他们讲着地道流利的汉语，对中文教育极为重视。他们的孩子秉承父母的优良遗传，聪明过人。然而这些孩子的中文学习从幼儿到高中，效果却不尽如人意。

带着这个问题，在十数年中文教育的探索历程中，与先生一起仔细观察，深入思考。我们感到其主要原因是现有的教学方法和教学次序上出了问题。我们在既有意而又偶然之间带孩子走了一条与传统"认字为先"完全不同的中文学习道路，并取得了预先没有想到的好效果。

2015 年秋，萌发了把自己摸索的中文学习经验写下来与更多人分享的想法，但是几次提笔都是断断续续，一拖再拖。

主要是每天在繁忙的工作与家庭事务之后，难有宽余的时间静心写作。可谓是鱼和熊掌不可兼得。次年春，离开了工作多年的微软，在家人的支持和鼓励下，整理了"先语言文化后识字"的中文学习经验，并与本地的家长进行了分享。不少家长听后，激动不已，给予极大的认同与积极的反馈。这反过来也给予我莫大的鼓舞。2016 年夏，我进一步将之前的分享、想法以及与其他家长的问答汇编成《海外中文教育的探索》（简称《探索》）一书，并将其以电子书的形式放在网上供免费下载。那就是第一版的《探索》。

自己带娃学中文时，是边摸索边总结，还没有完整的理论，加上工作繁忙，很多资料都没有准备好，不少理念也没得到很好的贯彻。然而这种"先语言文化后识字"的教学方法是不是有广泛的适用性？是不是可以将教学资料准备、安排得更好一些来提高学习效率呢?到了 2016 年秋我按照《探索》一书中的教学理念，开设了幼儿和一年级两个层次的中文班。自己设计教程、编写教材。一年下来，孩子们不仅熟读经典，而且广听评书，拓宽词汇，图文识字，磨耳练嘴并炼心。不少孩子能听懂《西游记》原文，个别还能阅读《西游记》白话文。教学效果甚为鼓舞。也为这种学习方法积累了更多的实践经验。

结合过去一年两个级的教学实践，我对第一版《探索》内容进行了重新归纳、整理。还增加了高频字教学分享，分析了人工智能时代中文学习的意义和学习重点等新内容。

囿于自身水平和查找资料有限，书中挂一漏万与不当之处，在所难免。《探索》第二版黾勉问世，旨在唤起更多的家长和老师对中国经典与文化学习的重视，以及对中文听说训练的注重，不但让我们的下一代轻松愉快地学好中文，而且让中国经典与文化得以传承，并发扬光大。

籍此机会，深深感谢我的先生，没有他的指引，支持和鼓励，也就没有今天这本书的问世！同时感恩所有亲人与朋友的相惜相助，使鄙人有勇气，有信心，沿着这"传承文化，教书育人"的道路，不懈前行。

李碧涛

2017 年 7 月於西雅图

第一章 为何学习中文

中文教育一直是海外华人讨论的热门话题之一。主要是围绕着该不该学中文；中文学到什么程度；如何学中文。至于海外华人孩子该不该学中文，我们不妨从"情"和"理"两方面来分析一下。

第一节　情

出国十几年，偶尔听到张明敏演唱的《我的中国心》，内心荡起的共鸣，是以前在国内时感受不到的。估计不少海外华人也有这样的体会。正如孩子离家独立生活后才会觉得家里百般好；游子背井离乡后才会思念和留恋家乡的味道。这种对故乡的依恋之情，血脉里流淌的中国之情，灵魂深处的华夏烙印，默默指引着我们在下一代的教育上，期待孩子能学中国语言，学中国文化！

这种中国情，有意无意地推动着很多华人家长让孩子学习中文。如果让父母来回答"为什么要小孩学中文"，在感情上的回答很可能是：

- ○ 我自己从小在中国长大，我是中国人，当然希望孩子会中文啊！
- ○ 每个民族都希望保留和传承其语言和文化，中华文化多么灿烂辉煌，我们的孩子应该学习和继承。

从小孩子的角度，其回答又会怎样呢？曾经有老师分享了学生们对于"为什么学中文"的作文，让我们来看看这些孩子，在感情上对学中文的最直接回答：

- ○ 因为我的父母是中国人，所以我要学中文。
- ○ 我的爷爷奶奶只会讲中文，我学了中文就可以和他们沟通了。
- ○ 我喜欢吃中国饭，我想去中国。
- ○ 我觉得说中文很酷。
- ○ 我如果学会了讲中文，回到中国就会觉得很亲切。

然而在现实中，不少孩子反映中文难学，于是我们又常常听到家长有这样的论调：

- ○ 我的孩子将来是在纯英文的环境里学习，工作和生活，没太大必要学中文。
- ○ 我的孩子不学中文，不也一样好好吗，而且他可以有更多的时间来学别的才艺。

○　家长对中国和中文的感情，不必强迫下一代去接受。

对于这些论调，我很理解一些家长的感受，主要原因是"孩子反映中文难学"，觉得不必那么费时费劲。

在感情上衡量是否让孩子学习中文，每个家长的标准可能不同。站在另外一个角度，我们不妨从"理"上看看为何让孩子学中文。

第二节　理

是否让孩子学习中文，每个父母有独立思考和选择。但是，如果问我为什么让孩子学习中文，除了一个"情"字外，更重要的是一个"理"字。也就是学中文和中国文化会给孩子带来什么好处。

一. 为孩子将来发展创造更多机会

这是很多海外华人家长苦口婆心地劝导孩子学中文时使用最多的道理。这个理由也确实接地气。

　　为什么学中文会给孩子创造更多发展机会呢？首先，中国经济的崛起，在世界上变得举足轻重。中国的 GDP 仅次于美国，同时中国有庞大消费者市场，吸引着众多海外公司的眼光。而中国公司在海外的拓张，几乎让每一个国家感觉到"中国人来了"！这让我想起两个有意思的故事。先生的一位同事的儿子，在湖畔中学（Lakeside）就读，刚好与史蒂夫-鲍尔默(Steve Ballmer, 微软的前任 CEO)的儿子同班。史蒂夫请了专门的私家老师来教三个儿子中文。我听到这个有点惊讶，但是细想一下，也觉得有道理。史蒂夫曾经担任微软的执行总裁，他眼中市场的现状与发展必定是从全球的角度来看的。在那么多的语言中，他为孩子选择了中文，必定有他深谋远虑的思考。第二件事，是 2016 年 2 月 8 日，马克·扎克伯格（Mark Zuckerberg, Facebook '脸书' 的 CEO & Founder）发布了一个向华人拜农历新年的视频，在视频里他的中文降得多么流利啊，让我佩服不已。另外，马克在清华大学的演讲，全程半小时都用中文，震惊全场。"大家好！"扎克伯格中文一出，现场精通英文的商学院学生立马尖叫声一片。马克接着解释："我学中文有三个原因：第一，我太太是中国人，她奶奶只说中文，我想跟她们通话，几年前我们决定结婚，我就用中文邀请她奶奶，她非常吃惊；第二，我想要学习中国文化；第三，中国话很难，我一直说英文，但我喜欢挑战！"可以说，马克学中文最初始的动力来自于爱情，源于他喜欢挑战自我。没想到他流利的中文成为"脸书"进入中国这个大市场的敲门砖。

除了站在全球视野看中文的重要性外，站在世界的每一个角落，看看华人在世界各地的分布，就会知道为什么中文的使用会越来越广泛。根据 2011 年国侨办公布的数据，海外华人的人口约 5000 万。不少在银行服务的朋友说，随着越来越多的华人移居海外，中文也成为他们的优势。记得 2007 年刚移居西雅图的时候，在银行里找一位华人服务员都不容易。到了今天，在各个银行里几乎都能看到华语服务员。更让我惊讶的是，最近到两家银行办事，里面的业务经理（美国人）都操着生硬的中文向我问好。前不久，我去配眼镜，眼科医生是一位 ABC(American Born Chinese，美国出生的华裔)。她跟我说，小时候不喜欢父母逼着自己学中文。但是到了今天，很感谢当年父母坚持让她学中文，因为双语的优势帮助她拓展业务，得到更多病人的选择。

在海外有越来越多中国公司的身影，从大家熟知的科技公司：阿里巴巴、华为、腾讯；到各行业的巨头：中石化、海尔、中行、工商行、恒大等等，可以预见更多的中国公司走出国门，到海外发展将是未来的趋势。可以想象这些公司更愿意招募学贯中西的人才。反过来，现在不少美国公司在中国拓展业务，也在留意中英双语人才。

所以说，展望将来，无论站在跨国公司的角度，或者是在华人生活圈的各个服务行业，双语人才更能适应将来的发展。同时，在科技飞速发展，人类逐渐步入人工智能的时代，学好中文将能大大扩展未来工作的机会。这个话题，我们在第九章将有详细的分析论述。

二. 双语教育有助小孩智力开发

关于双语教育的好处，已经有不少研究。例如，2002年美国的一份研究报告指出，幼年学习两种语言的人，可以从一开始就认识到一种事物有两个以上的不同叫法，因此他们很快就能了解到事物的名字可以有不同的表达方式，并学会进行抽象思维。语言学家研究发现，双语教学能够培养孩子们的联想思维能力。墨尔本大学语言学专家麦克·科林教授说："接受双语教育后，孩子的联想思维得到了发展，他们在用一种途径解决问题碰到困难时，就会尝试另外一种途径。"

我们再仔细想想语言的奇妙之处。整个大自然，只有人类有系统的发音语言，这本身就值得我们思考。科学界中，分析人与动物最本质的区别，主要有两种观点：一种观点认为最本质的区别在于人类有系统的语言；另一种观点则认为最本质的区别在于人会制作和运用工具。我们倾向于同意第一种观点，即拥有系统的语言使人类在与其它物种的竞争中完全胜出。由于语言的产生使得人类可以进行深度的思想交流，这样就有可能组织更复杂更大规模的群体活动。在面对猛兽、自然灾害等各种外部挑战时，都可以运用群体的力量来应对。同时，语言以及由语言产生的文字对知识的传播和传承起到决定性的意义。人类的现代文明是在几万年人类发展史中，无数人的智慧构建起来的。这些知识的载体正是语言和文字！

再来看看一个人要完成语言发音，需要动用多少神经，肌肉和器官的配合啊，确实是一个神奇而复杂的过程。可以想象，一个孩子在掌握一门语言的过程中，他的大脑，神经系统，发音的肌肉和器官都会得到不断的刺激，那么他的大脑必定是会变得越来越聪明的。如果一个孩子通过训练掌握多种语言，他的大脑接受的刺激就更多，也更好地开发大脑的潜能。

除了语言训练本身给大脑带来的好处外，各种语言之间的协调对大脑是另一种健脑操。加拿大的研究者们在上个世纪就发现，受过双语教育孩子的智力测验分数普遍偏高，他们觉得这是因为接受双语教育的儿童，要经常面对语言之间的协调问题，思考能力因此受到刺激而高度发展。而且接受双语教育的儿童拥有较强的抽象思维能力，很早就能分辨出哪些信息和问题有关系，哪些信息是无关紧要的。

有些家长担心，儿童同时学习两种语言会造成语言混乱。其实根据观察，学习双语的孩子，只是有一段时间出现语言混用的现象，这恰恰是他们正在学习的表现，而且这种情况并不会持续很久。

三. 辅助孩子学贯中西，取长补短

（一） 先贤哲学和价值观在现代仍有指导意义

中西方的文化既有共通之处，又各有其闪光的地方。当我们学习西方的《圣经》，或者一些关于价值观的书籍时，经常会看到一些与我们中国价值观相通的地方，例如善和爱。但是，具体到一些细微的地方，有些来自中国的价值观，在西方人的观念里就不那么强调，却值得我们继承和发扬的。

例如"俭"，在中国的经典里多处提到"俭"，这思想是一代代传下来的。在美国的中国人，一般买房买车都会考虑自己的经济能力，量力而为。而美国人的消费观是"今朝有酒今朝醉"。在 2008 年的次贷危机中，不少美国人的房子被银行没收(Foreclosed)。原因是，他们的首期付款很小，负债率高。有不少还是短期房贷，随着住房市场的降温和短期利率上涨，短期房贷的还贷利率也会上升，还贷负担加重。而住房市场的持续降温，使得次贷的购房者难以出售住房或者通过抵押住房再融资变得困难。有的人是喜欢买大房子，不注重存款，遇到资金周转不济，于是一组多米诺骨牌砰砰倒塌。在次贷危机中，不少美国人发现，中国人传统的保守的理财观念，比起美国人的超前消费观念更健康，更能持续发展。

又例如"孝"，在中国非常重视孝，所谓"百善孝为先"，孝的行为在历朝历代各种著作中都得到颂扬。孝是对生命之源的感恩，对最伟大最无私的爱的致敬。孝文化里倡导的"侍亲睦邻"有助于促进社会的和谐。在家庭里"上慈下孝"能保证子女在父母的关爱下健康成长，父母在子女的赡养下安度晚年，维系着家庭关系的稳定。家庭是社会的细胞，家庭的稳定促进社会的稳定。在华人家庭，我们经常看到几代同堂其乐融融的画面。但是在美国，更强调孩子的个体性，所以孩子长大离开家庭后，基本就很少回家看，我们经常看到的是老年夫妇相依，或者与宠物为伴。

说到这，不禁想起一件有趣的事情。迈克尔·普鸣（Michael Puett）是哈佛大学东亚系的中国历史学教授，他是获得哈佛大学杰出教学教席的五位教授之一。是什么课，让他受此殊荣呢？原来他在哈佛开设了一门中国课《古代中国伦理与政治理论》。这门课的名称听起来挺枯燥的。但是没想到，这门课是哈佛大学当下最受学生欢迎的三门通识类选修课之一。在能同时容纳千名学生的桑德斯剧场，迈克·普鸣教授为美国学生们讲解生活在二千五百年前的一群东方先哲的思想：孔子、孟子、庄子、荀子等。美国学生们通过阅读典籍、倾听讲解来洞察他们的智慧；更特别的是在普鸣的指导下，学生们尝试着将中国古代不同哲学家的思想理念转换为日常生活实践的"指南"。

我们想想，来自美国最高学府的学生们都那么感兴趣于中国古圣先贤的智慧，我们有"近水楼台先得月"的优势，为什么不去学习呢？

（二） 中国文化是我们与其他族裔交流的宝贵财富

记得刚到美国读书，第一次做课堂自选主题演讲，老师给的题目范围很广，就是跟大家分享一个风景名胜，一道菜，或者一种文化。我最开始想选美国的大峡谷，因为刚去旅游回来，印象深刻。但是当我开始收集和整理资料的时候，突然觉得这些图片和介绍，对于很多同学来说，也许已经是非常熟悉的了，那么还有谁愿意耐着性子听我讲呢？我想来想去，最后选了中国的黄山。因为我相信很多同学没有去过黄山，而黄山的美是春夏秋冬各有特色，图片和介绍的资料很多，容易准备。再加上一些自己当年去黄山的生活照，从整个演讲材料来看，感觉效果应该不错。果然，尽管我的英文发音是多么的糟糕，但当我信心满满地站在那演讲，大家看着照片和介绍，不停地发出了赞叹声，最后我的演讲获得一致好评。于是我就明白到：在这里，跟同学交流就打中国牌。想想也是，要是我们跟美国同学在一起，给美国同学讲美国的历史和地理，我们会讲得比美国同学好吗？相信也不大容易引起他们的兴趣。

出来工作后，这种体会更加深刻。记得在一次团队活动中，组织者要求我们制作一份手抄报，写出自己能为团队带来的价值。我在写自己的手抄报时，突然领悟到"每一个人都必须为一个团队带来价值，才能在这个团队生存下去"。然而每一个人都是独一无二的，其长短处也是各不相同的。作为一个在美国生活和工作的华人，如果我们不但能学习和尊重美国的文化和价值，和同事们打成一片，而且能分享中国的文化价值，在工作中展现不同的视角和方法，那就更有助于凸现我们独特的价值。除此以外，我留意到，印度同事都很注重穿他们的民族服装，保持他们的饮食习惯。在一些重要节日，他们也会很乐意跟组里的同事分享传统印度美食，讲一些印度的趣闻。这样一来，就拉近了人与人之间的距离。后来我也尝试着在中国的传统节日，跟同事分享中国的传统食物，闲聊一些中国的文化传统，大家都很开心。在和同事散步时候，我也会聊到一些中国的智慧，她们都很感兴趣。

可以想象，将来我们的孩子也会在这样一个多元文化的社会中生活和工作。无论他们的英文讲得如何流利，无论他们对美国的棒球赛、篮球赛、社会时事新闻多么了解，在别人看来，他们的黑头发黄皮肤的面孔（中国烙印）是改不了的，都自然地认为他们应该对中国文化有所理解。如果他们既能跟朋友们海侃美国文化，又能在适当的时候分享一些中国传统文化，带来一些新鲜感，他们是不是会更受欢迎呢？

（三） 学习中国文化价值观可拓宽孩子视野与胸襟

正如我前面说的，海外孩子将来是在这一个多元文化的社会中生活和工作的。我们让孩子学习中国的经典与文化，并不是禁锢他们的思想，唯中国独尊。其实中国经典里处处体现出虚心学习的思想。例如大家熟知的"见贤思齐焉，见不贤而内自省也。"出自《论语·里仁》。就是提倡无论遇到什么样的人，与其交往都是学习的好机会。在易经六十四卦中，"谦卦"是唯一六爻皆吉的卦，可见中国传统文化对谦的重视。"海纳百川，有容乃大"更道出中国人向往的博大胸怀。可以说，如果读完经典后仍是"唯中国独尊"的话，那是未曾真正领悟中国文化。只要是能灵活运用经典智慧指导自己言行的人，都会抱着谦虚的心，这种谦恭更有利于孩子与不同族裔的朋友交往。

　　确实是，我们应该让孩子认识到，世界上存在着各种文化、信仰、价值观，我们应该以广阔的胸襟来了解这些不同的文化、信仰和价值观，拓宽自己的视野，并且以求同存异的积极态度来面对这种多元的环境，尊重他人，广交朋友，广结善缘。这样的孩子，视野开阔，胸襟宽广，更容易在以后全球化的社会中立足。

第二章 海外中文教学的现状

第一节 不一样的故事，一样的惊讶

2004 年春寒料峭，我随先生踏上了北美的土地。刚开始，脑子思考的是如何在这片土地上扎根。但是很快的，体内孕育了新生命，准妈妈的喜悦和紧张，让我开始了另一种思考"如何让我的孩子在这片英语主宰的土地上，在东西文化的碰撞中，在各种思潮和价值观的交织下，学习中文和中华文化？"

对中文教育的思考，让我更留意身边的海外华人是怎样教孩子中文的。

在纽约，我们应邀到一位朋友家做客。他们是早期从香港移民美国的。回忆当年情景，他们说，移民时孩子还在读小学。儿子曾担心地问外婆："到了美国，我不会英文咋办啊？"看到孩子小小年纪，就这么有忧患意识，大人们都忍俊不禁。时间飞逝，二十多年后的今天，他们的孩子都大学毕业，踏入社会了。不过每次孩子回家，都只会用英文跟父母交流，见到外婆，也只能是英文的问候。他的外婆感慨道："当年拉着我的手问'到了美国不会英文咋办'的孙子，现在回到家，都不讲中文了。"

同在纽约，我们去拜访一位老表，他乡遇亲人，自然是非常的亲切！我也留意到老表家读小学的孩子，能用中文跟爷爷奶奶交流，甚是欣慰。老表为了让孩子熟悉中国，几乎每个暑假都送孩子回国。然而，随着孩子年龄增长，他后来告诉我，他的孩子现在基本不讲中文了。我很诧异，小时候中文还讲得好好的，为什么到了中学，就退步到几乎不讲呢？

这些事情在我心中留下了大大的问号，让我不停地思考和摸索如何教孩子中文。

移居西雅图后，先生和同事闲聊的时候，同事提到一位很有经验的中文老师。说那位老师教认字很有办法，她的儿子已经认了很多字。但是，她又无奈地说："孩子对中文学习一直没有兴趣，学到稍难的文章，就看不懂。到了孩子上初中后，就怎么都不愿去了。现在已经没有去中文班了，所以中文也在退步。"听到这，我又不禁惋惜，好不容易学会了那么多字，到现在就完全停下来，那么就会如上面两个例子一样，用进废退，最后也必定会忘记很多的。

除了以上的故事，我还观察到不少类似的例子。可以把这些现象总结为以下几个方面：

➢ 孩子不喜欢学中文。

➢ 孩子无法用中文进行一定深度的语言交流，看不懂许多中文综艺节目。

➢ 字的学习经常处于"学了又忘，忘了又学"的循环，导致效率低下，打击孩子的学习积极性。

➢ 即使强记了上千个字，但由于语言文化基础不扎实，还是没法自由阅读许多小说、诗歌、文化类书。

➢ 从学龄前一直到高中，时间花不少，学习效果只达到简单的听说读写。

➢ 小孩子学中文没兴趣，家长带起来费劲，有的要"逼"孩子学中文。其实，要到逼的状态，就已经违反了"道法自然"的思想，这必定是时机或方法不对。关于时机和方法，我们会在后续章节详细展开讲。

第二节 海外中文教学思路的发展

海外中文教育思路的探讨和研究一直是热门话题，也经历了一些调整和变化。目前海外中文教育的基本模式有：

一．按教学次序分

（一） 拼音→认字→阅读→写作

这种模式基本是沿用中国大陆早期《语文》教材的思路。但是海外孩子在英文环境中，对拼音语言特别熟悉。结果孩子一旦学了拼音，就特别依赖拼音进行阅读，而不留意汉字的形状结构。于是不少家长反映，孩子一离开了拼音就无法认字。

（二） 认字→拼音+认字→阅读→写作

看到"拼音先行"的弊端，不少学者提出了"认字先行"的调整。希望通过先认字，培养孩子看方块字的习惯，适时再加入拼音学习。

（三） 认字→拼音+认字→阅读+文化→写作

在第二种模式之后，有的教材又进一步改进，在简单阅读之后加入了少量中国文化的学习。也就是当孩子认字达到一定后，希望通过阅读来学习简单的中国文化。

以上三种模式是按学习次序来分类的，可以看出，如果除去拼音，它们的思路都是一样的。就是先强调认字，然后阅读，希望用阅读来巩固已认的字，并在阅读提高的基础上学习中国文化和写作。

思考：这种"认字→阅读→文化学习→写作"的学习次序对吗？

二. 按认字方法分

从以上三种模式来看，既然认字是阅读，文化学习，写作的基础和前提条件，所以现有的海外中文教材无一例外地把认字当作重点，并放在前面。在认字的方法上，又经历了两个阶段的发展：

（一） 渐进式认字

第一阶段，早期的教材考虑到海外孩子语言环境的不同，都适当降低难度。然而这样下来，孩子们的认字过程拉得很长。当前一套流行的中文教材，六年的认字量就是二千左右，相当于国内小学三年级水平。这样的弊端是持久战之下，孩子学的字难以巩固。六年学二千个字，相当于一年三百多个字。按照认字量和阅读能力的参考值：孩子认字 400-500，能阅读简单的儿歌，低幼读物；认字 700-1000，能阅读童话，少儿读物等。也就是说，孩子学了三年，如果所学的字都记得，也顶多是阅读一些童话或少儿读物。但实际情况是，**由于认字进度缓慢，阅读往往无法跟上，学过的字得不到及时的复习和巩固，学了后面的就忘了前面的。**可以说，在这种学了又忘，忘了又学的过程中，浪费了大量宝贵的时间，六年下来，还是很难完全记住二千个字的。阅读也是始终徘徊在幼儿读物的水平，更不用提通过阅读去学习中国文化了。然而，美国三年级的学生已经能阅读大部头的英文小说，到了六年级已经能阅读有深度的各种英文文章。当他们的中文阅读水平始终停留在简单的幼儿读物时，大家想想，孩子们怎么会有兴趣读呢？

（二） 快速认字

基于对"渐进式认字"的不满意，各种"快速认字"理论和方法应运而生。不少家长看到网上的各种快速认字方法也兴匆匆地去尝试。刚开始的阶段，孩子和家长们都很有成就感，似乎能记住不少字，但是沿着快速认字的路子往下走，大家又发现了新问题：

第一是快速认字往往是越学越痛苦，孩子容易产生抵触情绪，甚至是抗拒。往往一开始就在孩子的意识中打下中文枯燥，难学的第一印象。不少家长反映，这种学习方式需要家长高度参与，全程带领。即使家长有这个时间，由于孩子没兴趣，就如拉牛上树一样，能把整套快速认字教材坚持学下来的寥寥无几。

第二是即使那些屈指可数，能坚持下来的孩子，不少在阅读上还是有困难。如果阅读不能及时跟上，很快就会忘记。于是会陷入一个"学了忘；忘了学"的死循环。

思考：《为什么快速记了字，阅读还是有困难？》

第三节　　当前海外中文的学习目标

目前美国有四种主要的中文考试，包括 AP 中文测验、SAT II 中文测验、汉语水平考试和华语文能力测验。SATII 中文测试和 AP 中文都是由美国大学理事会（College Board）开办的项目。SATII 中文测试成立之后，有许多人认为考试比较容易，不能满足汉语水平较高的学生的需要，要求大学理事会再增设 AP 中文项目。经过了多年的努力之后，AP 中文终于问世。这也是近年来华裔高中生考得较多的中文测试。

下面让我们主要介绍一下什么是 AP 中文。在美国不少的公立高中，会开设中文大学先修课（Advanced Placement）。课程难度及范围相当于美国大学四个学期（约 250 学时）第二外语的程度。或者说是从零开始学汉语，学了四个学期(两年)的大学生的汉语水平的考试。约 90%左右的美国、加拿大大学，以及 20 个左右其它国家的大学都承认它的学分。美国高中学生可修习 AP 中文并参加考试，AP 中文考试合格的考生可以获得大学学分。AP 的分数为 1 到 5 分，最高 5 分。一般来说 3 分算是及格。

部分家长以为，孩子 AP 中文测试中如果拿到高分，会有助于大学录取。事实上，在大学录取的激烈竞争中，学校看的不只是表面的分数，会越来越多考虑分数背后的很多因素，如中文实际运用能力，做过的相关项目等等。

另外，作为母语为中文的华裔学生，往往从三、四岁就开始学中文，如果学到高中仅能通过以 250 学时设计的中文课程测试，不免有些遗憾。而且在机器翻译不断进步的当代，只达到通过中文 AP 的水平恐怕还不如机器翻译。在第九章中，我们将详细分析，为什么学习中文在未来竞争中越来越重要？未来学习中文的要求和重点是什么？

我们能否找到一个途径，让孩子在学中文的同时，轻松地把中国文化也学了？

第三章 我家的中文之路

下面分享一下我自己带小孩学中文的经历。其间走过弯路，也积累了一些经验。在这过程中，促进了自己的学习和思考，使我对中国文化和海外中文教育有了全新的认识和理解。

第一节　读经：抗拒，接纳，喜欢

刚怀孕的时候，先生就不断地给我讲关于"优化生命"的理论和胎儿、婴幼儿发育的特点。对于他一直建议我在婴幼儿时期给孩子听经典的理论，我是半信半疑，甚至有点抵触。我觉得孩子就应该是听儿歌，听故事。那些什么经典啊，古文啊，之乎者也啊，孩子感兴趣吗？连我自己都不感兴趣的东西，孩子会听得进去吗？先生看到我不大接受，就找来了一些关于孩子在婴幼儿时期发育特点的书和经典名句给我看。慢慢地，我改变了对听经典的抵触，开始接受他的那一套我最初认为是"歪理论"的东西。那时候，我内心特别认同的是，经典能够给孩子的教育奠定一个"德"的基础。可以说我最开始让孩子读经典的目的并不是为了中文教育。出于育德的目的，我在胎教的时候，就加入了一些经典，摸着肚子读给孩子听。胎教期，先生准备了《道德经》和《坛经》让我读。

孩子出生后，我哄孩子睡觉的方法，就是把孩子放在婴儿车上，一边推一边给他读《道德经》，也间插读《三字经》《弟子规》等打印的资料。记得那时候，来访的亲朋，看到我这样给一个不会说话的婴儿读经，不少会好奇地问："你这样读，他懂吗？"那时候，我没有特别系统的理论来回答这个问题，我唯一的信念，就是我相信先生所说的，"婴儿时期，让他与最有智慧的信息混化！"而且，孩子的成长没有回头路，读了再说，虽然我不确切知道会有什么收获，或者预计收获会有多大，反正读了也没坏处。所以我就心安理得地读。由于学业和生活的忙碌，我给孩子读经的时间非常有限。但是，即使是这么有限的时间，种子却在悄悄播下了，语言文化的根系也在地下默默无闻地伸展。

老大三岁，老二一岁时，我们举家从纽约迁至西雅图。我在家中做全职妈妈，才真正开始带领孩子读经。那时候手头没有读经的材料，周围也没有认识什么中国家庭，几位初认识的朋友对读经都不感兴趣，于是我就思考如何带孩子读经。先生下载了一个《道德经》的音频，我在网上找到《道德经》通行本的文字版，拷贝到 Word 文档，然后对着音频，逐字校对修改到符合音频的内容。然后我把校对好的《道德经》按竖排，81 号字体，隶书排好版，打印了，贴在客厅的墙上。我们移居西雅图的时候，没有什么家具，在租住的公寓里，"家徒四壁"的墙上，贴满了中国最有智慧的经典！其实也挺美，挺壮观的。每次朋友来访，都为之震撼。其实我这样做的目的，是方便自己随时带孩子读经，顺便让他们对字有些感性认识。我相信，即使不抄字，每天看几遍，好歹也会记住一些吧。

在家带娃的日子是快乐的，每天带孩子读经的时间虽然不多，我也很享受。在我忙家务的时候，孩子们在一边玩玩具，我就放《道德经》给他们听，也间插放钢琴曲，儿童故事等。虽然是在这么不是很规律的"读经"和"听经"的状态下，经典却在悄悄给我准备了一份惊喜。儿子在四岁生日的那天，我照常给孩子们读《道德经》，刚读了开头几章，儿子对我说："妈妈，后面的我都知道了。"我有点不相信，结果他一口气把八十一章从头到尾背了出来。

其实回过头来看，并不是自己的孩子有特殊天赋，而是小孩普遍具有以下特点：

第一，　小孩子耳根圆通，他们对声音非常敏感，他们从声音中学习的能力，远远超过大人想象。

第二，　孩子小的时候，很多学习是在不经意的若有若无中完成的，那是上天给他们的礼物。小孩语言学习的高效，一直还是科学家探索的课题。

第三，　小孩子的记忆力是非常强的，大人是望尘莫及的。

第二节　　两个机缘

连续几年下来，孩子的中文学习主要就是不规律的读经和听经。直到老大快六岁，老二快四岁的暑假，我们迎来了两个重要机缘。

第一个重要的机缘：成立经典诵读小组，持之以恒。

为了能创造一个读经典的良好氛围，我在当时流行的MITBBS上登了一个给孩子寻找读经小伙伴的帖子。没想到，当时的另外一位妈妈，赵格女士也在几天前发了一个同样的帖子，于是我们就联系上了。在 Crossroad 公园，我们开始了第一次的读经活动，当时读的是《道德经》。后来，读经活动就移到家中，大家轮流做东道主。后来我们又陆续读了《论语》《大学》《中庸》《黄帝内经（节选）》《周易》等。当我们回头看这读经的岁月，我们发现读经小组的孩子们，都在不知不觉中进步着。

第二个重要的机缘：开启车轮上的评书，快乐听书。

在我们与赵格开始集体读经的同时，我们还开始了听评书。这也是源于先生的观点，他觉得要让孩子适时开始听评书。对于这个建议，我举双手赞同，原因是我自己就有着快乐的听书童年，小时候午饭和晚饭时光，电台有半小时评书节目，那是我们重要的娱乐节目之一，好多名著都是那时候听的。先生在网上搜集了大量评书 MP3，刻到光盘上，每当一个光盘听完了，他又马上换新的内容。就这样，孩子们每天在车轮上，不论是上学、放学，或是去参加课外活动，还是举家外出度假，他们都是一路有评书相随。人们常说，美国是一个车轮上的国家，评书，让孩子们在这些车轮上时光留下了欢乐的记忆。也在不知不觉中为丰富孩子的语言文化打下坚实的基础。

自 2010 年来，孩子们听过的评书有：

《西游记》	《水浒传》	《三侠五义》
《济公传》	《封神演义》	《朱元璋》

《八仙传说》	《楚汉争雄》	《乾隆下江南》
《佛经的故事》	《兴唐传》	《话说中国》
《东周列国志》	《杨家将》	《明朝那些事儿》
《三国演义》	《说岳全传》	部分《百家讲坛》

第三节　迟来的"常规"中文学习

静心回顾过去十几年的中文摸索之路，可以说，最开始，给孩子读经典和听评书，其目的是为了孩子的德育教育和让他们熟悉中国文化。我相信这个会对孩子学习中文有帮助，但是到底有多大帮助，也无法估计。毕竟这两个方法，都不是现有常规的中文教学方法，所以我总惦记着给孩子寻找现代常规中文教育。但是这件事却一拖再拖，主要是我后来开始了全职工作，而且工作非常忙。

直到老大九岁多的时候，我们才把他送去一个中文学习班。这时听评书和一周一次的集体读经已经坚持了三年了，但是并没有进行过系统的认字。中文班的老师很有经验，也非常严格，她有自己的分级标准，要求学生必须通过了一级才可以进入下一级学习。由于儿子开始这种"常规"中文教育比较晚，好多和儿子同龄的孩子都已经在就读第三级了。如果儿子从第一级上起，在班里就显得年龄太大了。跟老师好说歹说，终于同意他插到第二级的班上去。虽然开始时有些第一级教的字没学过，儿子的语感却明显好于其他同学，而且学起来轻松。好多新学的字在读经时候都见过，好多词在评书中都听过。学起字时，有时就如见到了老朋友；有时又会恍然大悟，原来在评书中的语言对应的是这些字。

第四节　　不常规的效果

参加了常规中文班之后，集体读经和听书如常地继续着，默默无闻地为孩子铺垫着语言文化的基石。在 2014 年的暑假，其时读经已近四年。我们的读经小组活动加入了《唐诗三百首》和《声律启蒙》的诵读和学习。每读一首新的诗词，我们都先让孩子尝试解释诗句的意思，我们惊喜地发现孩子们的语感不错，基本能理解诗词大意。而且孩子们对诗词和声律启蒙有着天然的亲近感，非常喜欢诵读，每次的聚会都是朗朗书声和欢声笑语。孩子们还自选诗词来抄写，自己配画，不亦乐乎。

正是由于读经小组开始了读唐诗，儿子一下子被诗词的韵律和意境美吸引住，而且情不自禁地背诵。不到半年时间背诵了超过 300 首诗词，2015 年初还有幸参加了河北卫视的《中华好诗词》节目。

2015 年春夏之交，我们的读经小组从诗词过渡到诵读《古文选》，里面都是一些经典名篇，例如《岳阳楼记》《桃花源记》《阿房宫赋》《出师表》等等。那时候，我们给孩子们逐句讲解古文的意思，大孩子基本能理解，而且读得非常快乐，并能轻松背诵。

在这里，我也借此机会真诚地感恩遇上赵格博士这么一位有着很高文化素养和良好家庭教育的妈妈，她的执行力和恒心也是值得我钦佩的！正是在这样的好伙伴的陪伴下，我们的读经活动才得以一直坚持下来。

孩子小的时候，我和先生都忙，没有人手和时间带着孩子读中文书。2015 年暑假，也就是参加了常规中文班快两年的时候，我们觉得要让儿子开始阅读了，其时他们的英语阅读已经是有一定深度的小说了。如果给他读低幼中文读物，肯定没有兴趣。因为还是没有人手带他阅读，于是我们选择了非常吸引人的《射雕英雄传》，让他自己阅读。很惊讶的是，孩子居然读进去，而且越读越喜欢。为了看看他有多少字不认识的，我就让他在读的时候，用铅笔把不会的字圈出来。在有空的时候，让爸爸给他把不会的字讲解一下。就试了一天，儿子也懒得画圈圈。那是因为他越读越快。对于个别不认识的字，孩子可以根据上下文，或者字的形旁和声旁猜出大概意思和读音。不到三个星期就把四本《射雕英雄传》读完了。之后的中文阅读也是有如突然上了一个台阶，《仙篮奇剑传》，《七剑下天山》，《萍踪侠影》等等小说是一部比一部读得快。我们不得不规定他在放假时才能读武侠小说。

除了阅读的突破外，儿子的写作也得到了很大进步。在2015 年暑假里，儿子参加了本地一次自行车活动，并到超市里寻求商家的资助。在组织者的鼓励下，写了一篇中文报道，得到了大家的好评，这大大鼓舞了孩子中文写作的兴趣。同年秋季，儿子参加了一次资助国内贫困学生的慈善义卖。我当时正要准备写个报道的稿子，儿子毛遂自荐，我于是让他尝试写一篇，没想到写得像模像样。

2015 年秋，考虑到孩子正在学的中文课本还是一些简单的故事，为了让他学习更多的中文内容，我跟儿子的中文老师商量，让他试试跳一级。跳级两周后，刚好遇上新班级的中文认字考试。对于这次考试，我想他能考及格就不错了。结果后来老师很惊讶地告诉我，他拿了全班唯一的满分。

同年年底，听到河北石家庄《快乐作文》杂志社举办"第十七届世界华人学生作文大赛"消息，儿子跃跃欲试。经过构思，写稿和反复修改，他写了一篇《爱我中华诗词美》的稿子。次年春天，消息传来，他的作文获得了海外组特等奖。

中文班跳级五个月后，我们经过反复观察和思考，觉得他在新的班上还是得不到很好的提高。我们发现，主要原因是高年级中文班的难度并不是线性增长，虽然孩子们也在继续认字，但是课文都是用非常简单直白的语言改写过的文章。所以学生们的阅读能力并没有得到提高，他们也很难阅读课本以外的小说。最重要的原因是，学生们之前没有打下语言文化的基础。关于这一点，在后文我会进一步详细分析。

因此我们让他退出了常规中文班的学习，孩子转入了项目驱动的中文学习。他的第一个项目就是完成了二十个《西游记》故事的中译英。

回想起来，孩子认字起步得晚，小时候也没有带着读中文书籍。但是后来，阅读和写作都基本同时获得较大进步。于是我恍然大悟：五年来不间断地读经典和听评书，已经不知不觉给孩子打下了坚实的语言文化基础。加上两年时间在中文班把认字一补，脑子里的语言文化信息，通过字的桥梁，跟阅读、写作贯穿起来了。这样走下来，孩子、大人都不觉得累，而是轻松快乐的。

第五节 竹子的生长

这让我想起网上有一个神奇的"竹子生长扎根理论"。当毛竹还在笋期的时候，遇到雨就生长。但是在前四年里，竹子仅仅长 3 公分。到了第五年，竹子会突然发力，以惊人的速度生长，在夜深人静时人会听到竹子拔节的声音，其生长速度是每天 30 公分！那时候，竹子仅仅用六周的时间，就可以长到 15 米！那么大家也许会问，前面四年，竹子干啥去了？为什么它在第五年会有如此的爆发力？原来，在前面的四年里，竹子的根部在地下会发疯似地生长，它的根系最长可以铺几公里。由于毛竹的根系是如此之发达，所以它可以轻而易举地获取自己需要的营养和雨水。所以，无论是在山上还是其他地方，我们很少看到竹子有枯死的。我游黄山时，当地人就说，只要有毛竹生长的地方，其他植物都难以与之竞争。

可以说，之前的读经典和听评书，就好比竹子扎根，寂寂无闻，但至关重要。这为孩子后来在阅读和写作打下了坚实的语言文化基础。待到时机成熟，量变到质变的时候，果实就会接踵而来。

第四章 先语言文化，后认字

第一节　　误区：中文学习以认字为中心

在第二章中我们分析过，统观现有的海外中文教材，可以说无一例外采用"认字在先，阅读在后，希望以阅读来巩固已认的字，并在阅读提高的基础上学习中国文化和写作。"的思路。这种思路看似可行，然而在海外中文教育实践中效果并不好。

回想小时候，我们学的《语文》课本，也是按这个次序编排一步一步教我们的。为什么在海外的中文教育中就不好用了呢？让我们尝试在以下几个小节来回答这个问题。

第二节 "听说读写"的自然规律

一般说学一门语言，就是掌握其"听说读写"的能力。观察一个孩子怎么在母语环境下学习语言，我们就会发现都是"听说"在前，"读写"后续跟上。

之所以说这个模式是自然而然的，是因为它无形中已经存在我们日常生活中，只是大家没有留意而已。回想一下自己小时候在国内，在上学之前，没识几个字。但是我们平时听说都是中文，而且听中文评书，听中文歌曲，看中文电视，耳闻目染地接受了不少中文语言和文化。等到我们上学了，开始学字了，就可以直接将新学的字与已知的语言相结合，这样是很省劲的！

相反，我们在国内学英语时就费劲得多。因为我们一开始并不是教英文的听说，而是通过教一个个单词，然后再将单词串成句子。学习的重点也是以读写开始，然后再加入听力和口语，这种模式与自然的语言文字学习过程完全相反。这样学习的结果是，开始好像很快能读写一些句子，但是从小学到大学十几年的英文学习下来，单词背得特别痛苦，大部分学生的英文听说都只达到初级水平。

第三节　　"听说"需要专项训练

上一节我们讲了"听说读写"的自然规律。我们在国内学语文都不需要进行专项的"听说"训练，而是从认字开始的。为什么这种"认字先行"的思路，在国内行得通，在海外实践效果就不好呢？

主要是国内的孩子从小生活在中文的环境，其"听说"的训练足够多，而海外的情况就截然不同。我们以第一代海外华裔孩子为例，看看他们的中文环境。大部分的孩子，父母都是华人，那么他们在很小的时候，家里基本讲中文。但是，孩子们电视里看的大部分是英文节目或影视；收音机里是英文的广播；走到超市、商场、餐馆，英文如影随形；到了学校，更是英文的天下。也就是说，孩子接受的中文语言信息，基本局限在家里，而且内容基本是日常生活的交流。可以说，海外孩子中文语言信息的摄入是非常不足的；同样，中文语言的发放训练也是非常不够的。

我们尝试用下图来示意性地展现国内和海外 0 到 12 岁小孩从他们生活环境中得到的中文听说训练。在 0 岁时，孩子接触的主要是父母和爷爷奶奶、外公外婆，国内和海外孩子接受到的中文语言训练基本相同。但是，随着年龄的增长，外部语言环境的影响越来越大。国内孩子接受的中文听说训练量迅速增加，海外孩子接受到的中文听说训练量却不断减少。一正一负，我们可以看出，到了 5、6 岁，差距已经非常大了。

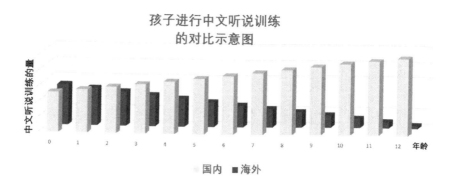

目前的海外中文教材都是从"读写"开始的，几乎不加入任何"听说"的训练，即使个别教材有"听"的训练，也是非常非常有限的。

要想让孩子的中文语言文化储备足够深厚，对于中文的"听"和"说"必须有意识地进行专项训练。特别是孩子的婴幼期是语言发展的黄金时期，家长不要急于让孩子花时间去认字。在中英文学习的平衡上，也建议以中文为主，英文为辅。因为孩子有足够的时间和机会在幼儿园和以后的学校中学习英文。关于这个问题，我们会在以后的章节中详细讲述如何轻松而又自然高效地进行"听"和"说"训练。

第四节　　文化薄弱使中文学习如无源之水

在中国语言文化摄入严重不足的环境下，孩子本身就对中国文化没有什么了解，就被家长送去学习中文。在中文学习的课堂上，虽然学了一些字词，能读一些简单的句子和文章，但是一读到一些跟中国文化相关的成语、典故，他们就懵了，觉得很难理解。

实际情况是，不少家长反映，孩子读一般的生活故事还能读懂，一旦加入了一些中国语言文化里特有的内容，孩子理解就有困难。例如读到一些改编的简易文章，里面有"赵王"这个词，有的孩子就问"赵王是什么意思？"碰到"横匾"，孩子会问"横匾是什么东西？"遇到"长生不老"，孩子也会问"什么是长生不老？"读到"店小二端上一个托盘。"孩子会奇怪地问"店小二是谁，一个人名？"看到这一句话"老板，如果您想把那个能人请来，必须三顾茅庐才行啊！"如果孩子没有听过三顾茅庐的故事，即使他每个字都认识，却无法理解为什么要三顾茅庐，甚至连"茅庐"是什么也搞不懂。

据我们观察，通过阅读来学习中国文化，执行起来是非常困难的。有能力和有时间阅读白话版《西游记》、《三国演义》等名著的孩子是屈指可数。更不要说通过阅读来学习中国的哲学智慧了。

为什么孩子认了不少字，遇到稍微复杂的文章还是理解不了？其实理解中文文章，难度不在于每一个字的认识与否，而在于字的组合所带的信息。说白一点，有语言文化基础的孩子，哪怕句子中个别字不认识，也可以根据上下文理解整个句子；语言文化基础薄弱的孩子，哪怕句子中每一个字都认识，也许还是无法正确理解句子。一位朋友说，她先生是一位 ABC，刚开始觉得他会讲中文，已经很不错了。但是最近她先生频频被派往中国出差。他先生回来说："在国内，人家有时候说的一句话包含两个成语，我就跟不上了。"这也是由于文化基础的薄弱，导致中文理解能力不足。这跟孩子们学了汉字，还是看无法理解带有中国文化内容的语言是一个道理。

不少中文教材的设计是希望认字后，通过阅读来学中国文化。然而常见的结果是孩子的语言文化基础薄弱，即使认字不少，仍然无法达到预期的阅读水平。而阅读总是停留在低幼读物，孩子是不会有兴趣的，中文阅读也就没有了动力，连以前辛辛苦苦记得的字都会忘掉。这样，通过阅读来学中国文化就变成了空中楼阁。

思考：那么，是否有办法不通过阅读而大量学习中国文化呢？

第五节　学以至用，提高学习效率

前面提到现行教材的思路是"以阅读来学文化"；而实践情况是"文化基础薄弱又导致阅读难以开展"。这本来就是一个死锁。

孔子曾经说过："学而时习之，不亦乐乎。"这句话的意思是，学了之后能情不自禁地复习和实习，这是非常快乐的，也是学习的最高境界。其实这样的例子在生活中是很多的。大家回想一下，小孩子在学校学了一首新的歌曲，孩子就会欢天喜地地一天到晚地唱，走在路上唱，洗澡的时候唱。孩子如果刚学了一个新的下棋招式，回到家就迫不及待地拉着爸爸妈妈跟他下棋。这些都是我们生活当中常见的例子。但是，以认字为先的教育思路，在前面一、二年内，都很难让孩子将刚认的字用起来，更谈不上情不自禁地复习和实习了。

所以，我们必须找一个方法能让孩子很快地将学到的知识技能用起来，通过学以致用来复习，一层一层地提高。

第六节 "走运"地学习

我们做事，都喜欢走运。那什么是"走运"？"走运"就是踏准节点，在对的时刻，做对的事情。例如，人们白天活动，晚上睡觉，就是走运。反之则是违反人的自然生物钟节奏，效率低下，做事不顺，当然就不走运。

同样的，在小孩子的不同阶段安排的中文学习内容要与孩子的发育规律相吻合，才能"走运"。

一. 小孩子的学习能力有三强三弱

> 三强：记忆力强，整体感知能力强，接收能力强

这个时候最好的学习方式是诵读和背诵；最好的学习内容是有上乘智慧，经典的东西。我们可以利用孩子的这种天赋，让他们直接记忆经典，古代人学习就很注重对经典的背诵。在语言学习的角度来说，一定量的背诵，也是非常重要的。

> 三弱：理解力弱，精确认知力弱，发放能力弱

这个时候切忌把经典的句子进行详尽讲解，不要急着要求孩子表达学过的东西，更不要急着让孩子强记汉字。我的

一个朋友，在女儿三岁的时候，外公外婆带着记了不少汉字。时间没少费，但是，没有足够语言文化基础，怎么可能理解一串串字组合后的意思呢？阅读自然跟不上，记得的字得不到巩固，孩子很快就将原来认得的字几乎忘光了，而且再也不愿学中文，父母也只好作罢。

二. 随年龄增长，各种能力也在变化

在孩子五六岁的时候，具备一定的理解能力，同时保持着较好的整体感知能力的情况下，可加入听评书，丰富孩子的语言素材和文化知识。随着孩子年龄增大，对于孩子问到的经典句子，家长应该结合自身体会进行适当的解释。

当听评书和经典诵读训练到了一定时候，孩子的语言文化基础打得比较好了，那时候开始"精确认字"的学习，就很容易将字和语言文化联系起来。

第七节　　全新思路：先语言文化，后认字

通过以上的分析论述，结论已经非常明显，海外中文教育要先进行语言的训练，以语言文化学习为中心和重点。在

一开始就要通过大量的"听"和"说"的训练，同时把中国语言文化的根基打扎实。

我们在前面提到毛竹生长是先把根基扎好。成就人生，需要储备能量；孩子学习中文，何尝不是这样呢？在孩子小的时候，把语言文化的根基打深打广，到了后面认字，阅读和写作，孩子才有足够的储备，事半功倍，而且一路轻松愉快！

这一章分析了中文学习的次序和重点，下面几章，我们将从学习的内容挑选和方法上做详细的解释。

第五章　经典诵读

第一节 经典是中文学习的重要有机部分

对于为什么引入经典诵读，有的家长可能会问："我们一般家长对于孩子学习中文的目标，无非是会听、会说、会读一些中文书籍而已。对于经典，我都没读过，也没必要去读。为什么要在中文学习中引入读经呢？"

从中文学习的目标设定来说，确实是每个家长会有不同的期望值。从很多的例子观察来看，不少家长最开始定的中文学习目标是"会说、会听，简单阅读"，但如果方法不对，最后孩子对于中文，不但是"不说、不听、不读"，而且"不喜欢或抗拒"。就好比立定跳远，满分是 2 米。如果我们瞄准 2 米的地方跳，我们往往只能跳到 1.9 米的地方；如果我们瞄准 2.2 米的地方跳，我们就有可能跳到 2 米的地方。所以在管理学上设定目标，往往不是伸手就够得着的，而是需要跳一跳才能够得着的目标，设定中文学习的目标也是一个道理。

在中文学习中，引入经典诵读，不仅仅是为了设定一个更高大上的目标，更重要的是，经典是中文学习不可或缺的重要组成部分。首先，任何一门语言的学习，都离不开"听说"的训练。听经典和诵读经典正是奠定这个"听说"基础的重要一步。其次，经典的语言是中文的基础，即便在现代的日常中文语言里，还大量引用着经典的句子，如果一个孩子读过经典，在学习中文过程中就更容易准确理解句子的意思，知道其出处。再次，经典带给孩子丰富的精神财富，将会让他们一生受益。经典里有好多闪光的语言和思想，而这些哲学思想会构筑起孩子的底层参照系和思维方式。底层参照系就好比我们电脑里的操作系统（OS），孩子以后形成的很多习惯，理念以及学习的知识结构都是建立在这个底层参照系上的软件，操作系统好，各个软件的运作就顺畅，高效。下面，让我们详细分析一下读经三大好处。

一. 锻炼语言发放能力，增强语感

"说"是语言的表达和发放能力。有时候知识和思想在脑子里，不一定能自如说出来。如果训练不够，孩子长大后说中文会结结巴巴，就不愿意用中文去交流的。我们在国内学习英文时就往往有这个问题，英文书看得懂，但到了嘴边，却像"茶壶里煮饺子，肚里有货倒不出"，这就是练习不足所致。

为什么"说"的训练那么重要呢？这首先要看看人类是如何完成语言的发音的。

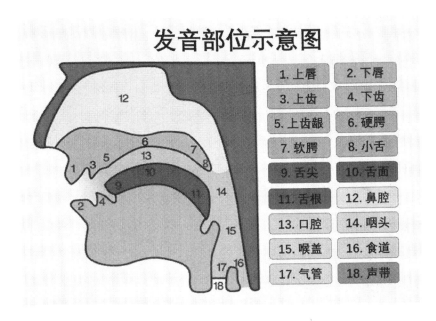

发音部位示意图

1. 上唇	2. 下唇
3. 上齿	4. 下齿
5. 上齿龈	6. 硬腭
7. 软腭	8. 小舌
9. 舌尖	10. 舌面
11. 舌根	12. 鼻腔
13. 口腔	14. 咽头
15. 喉盖	16. 食道
17. 气管	18. 声带

上面的图画，介绍了一部分发音用到的器官，其实还有很多，譬如肺，胸肌，腹肌等等。除了器官，还需要大脑里联系知识和支配运动的神经系统的配合。可以说，一个简单的发音，就等于动用了"多支部队的协同作战"才完成的，没有训练，哪里来的协调呢？况且每一种语言的发音规律是不同的。即使是中国国内不同地方的方言，音调也有所不同。例如普通话有 4 个声调，上海话有 5-6 个声调，粤语则有 9-10 个声调，每一个声调的震动方式是不同的，都是需要练习的。我们时常会听到外地人学习本地方言时发出的怪腔怪调，就是因为有些发音部位没有经过充分训练的结果。这

就譬如打惯少林拳的，打太极拳就没有那么自如，还需要另外的训练。

诵读经典的第一个最直接的好处，就是锻炼了语言的发放能力，增强了语感。

大家也许会问，既然是训练语言发放能力，为什么选择经典呢？读儿歌，小故事不是也可以吗？是的，如果仅仅是为了练习发音，反复读读儿歌，小故事也是可以的。但是，我们觉得读经典是最好，投资回报率最高！接下来，让我们看看读经还有什么其它好处。

二. 经典是中国的根文化

在回答第二个好处之前，我们先来思考几个问题。

（一）　何为经典

经典是什么？经典就是一个民族最精华最有价值的著作！经典出现在什么时候？大概在公元前 800 年至公元前 200 年之间，尤其是公元前 600 年至前 300 年间，是人类文明的"轴心时代"。在轴心时代里，各个文明都出现了伟大的精神导师，例如古希腊有苏格拉底、柏拉图、亚里士多德，以色列有犹太教的先知们，古印度有释迦牟尼，中国有孔子、

老子等等。他们提出的思想塑造了不同的文化传统，也一直
影响着人类的生活。

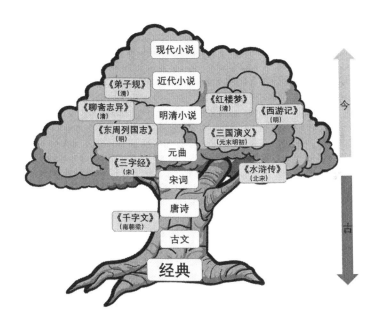

回到中国来，让我们看看这文化棵树。中国的经典就是
中国的根文化，在后来的文化发展中，无论是唐诗宋词元曲，
还是明清小说，及近现代的小说，无论是四大名著还是其他
重要的文章，都会看到经典的影子。

例如，《三字经》开篇是"人之初，性本善；性相近，
习相远。"这里是引用了《论语·阳货》的"性相近也，习相
远也。"又例如《中华字经》里有"春生夏长，秋收冬藏，
时令应候，寒来暑往。"其实这里就引用了《千字文》的第

三句"寒來暑往，秋收冬藏。"大家可以看到，经典是得到广泛的认同和引用的。

（二） 经典的价值

说起阅读，大家是否有这种感受，读一篇文章，感觉就是在与作者进行思想交流？可以说，每一篇文章都体现了作者思考问题的角度，以及思想的深度与广度，因此我们从中得到的收获是不同的。让我们来看看下图，对比一下就了然于胸。

上山打老虎， 老虎没打到， 打到小松鼠， 松鼠有几只， 让我数一数， 一二三四五！	"合抱之木生于毫末；九层之台起于垒土；千里之行，始于足下。" ——《道德经》
	"古之欲明明德于天下者，先治其国；欲治其国者，先齐其家；欲齐其家者，先修其身；欲修其身者，先正其心；欲正其心者，先诚其意；欲诚其意者，先致其知；致知在格物。" ——《大学》
谁的尾巴长， 谁的尾巴短， 谁的尾巴像把伞？ 猴子的尾巴长， 兔子的尾巴短， 松鼠的尾巴像把伞！	"凡事豫则立，不豫则废。" ——《中庸》
	"三人行，必有我师焉，择其善者而从之，其不善者而改之。" ——《论语》述而第七
	"己所不欲，勿施于人。" ——《论语》颜渊第十二
读完就放下的书	弥读弥新，用一辈子去领悟和实践的书。

左边的句子都是来自儿歌，相信大家都很熟悉。大家想一想，孩子们读这些儿歌的收获是什么呢？第一首儿歌，可能就是练习一下口语和数数。第二首儿歌，可能就是知道几种动物的尾巴，谁长谁短。孩子在小的时候，背背这样的儿

歌，也是好玩的。但是如果只念儿歌，所能供给的营养就非常有限。记得当年我家孩子也背过这些儿歌，他们是在学校学的，有时也背着玩。但是大家有没有发现，背了几天，孩子就不再背这个了？现在我再问孩子，背个儿歌好吗？他们会摇摇头说："那是小小孩背的东西，我们还背吗？"如果到了我这个年龄，还整天背这个的话，除非我是幼儿园老师，不然大家会觉得我脑子有问题。可以说，很多书是读完就放下的。

让我们来看看右边的句子，是来自经典的。大家可以看到，这些句子我们现在还经常引用，也经常用来跟孩子分享。我们为什么跟孩子分享这些道理呢？因为我们相信，如果孩子记住了"己所不欲，勿施于人"，并且时时这样要求自己，他的行为就会自然端正，受人欢迎。到了长大，为人父母了，也可以用这句话来淳淳教导他的孩子。在这里，我们可以看到，经典句子对于孩子成长供给的营养是持续的，甚至是一辈子的。可以说，这些书是弥读弥新的，需要我们用一辈子去领悟和实践的。

再进一步的比较，如果一个孩子从小只是背诵儿歌，只是阅读简单的白话文故事，那么将来他在跟华语人群交流时，遣词造句也就只有这样直白简单的语言。相反，一个熟读经典的孩子，在跟华语人群交流时，各种经典句子运用得心应手，所体现出来的中文文化素养是比之前的要高一个层次。你更希望你的孩子将来会是以上的哪一位呢？

从另一个角度来扩展说一下。经典不但体现了一个民族最精华最有价值的智慧，同时经典的语言艺术水平也是非常高的。因为经典的句子，往往是非常简练而寓意深刻的。一句"己所不欲，勿施于人。"简简单单的八个字，所传递的道理，如果用白话文来阐述，估计得洋洋洒洒好几行呢。这也是为什么后人喜欢引用经典的原因之一。

有了这个比较，相信大家心里就会明白，背诵哪些文章得到的收获更大，其营养价值更高。小孩子学习中文，最宝贵的资源是时间，特别是海外孩子学习中文的时间非常有限。既然小孩的时间很宝贵，我们就要思考如何让孩子的学习更高效，更有价值。当然首选的是经典！打个比喻，就是应当以经典为主食；儿歌、童谣等当调味料。

大家想想，如果一个孩子从小把经典背诵下来，当他们对于很多句子是张口就来时，以及等到他们的思想成熟并达到一定水平时，也就是肚子里有才华的时候，他们就会下笔如神。因为写作能力取决于两个因素，第一是思想水平，第二是语言的表达能力。如果孩子把经典背诵下来的话，很多语言的表达就自然学会了；而且当经典的话语进入了他的脑子里后，他也会成为一个有思想的人。

总结一下，**经典之所以成为经典，在于其思想价值和语言艺术价值非常之高。**可以说，如果孩子从小把中国的经典熟读，也就为他将来学习中文和中国文化打下了坚实的基础。

（三） 中文学习中经典与白话文的次序

有了之前的对比，我们明白了经典的价值所在。从学习中国语言文化的角度看，经典，诗词，和白话文都是其中的有机部分，就好比是一个树形的体系。让我们继续看回第一点的那棵文化树，勾勒出经典与其他文学作品的发展关系。大家可以思考一下，从一个体系的角度看，学习是从枝叶往根部来学习更高效，还是从根部往枝叶来学习更高效？

在这里，先分享一些实例。我认识的本地一位中文老师跟我谈起，她的学生一旦到了接触诗词或者古文部分的课文，都叫苦连天，认为古文艰涩难懂，这也是不少学生选择退出的原因之一。那是因为从白话文理解到诗词的理解会有一个上坡，从诗词的理解到经典的理解也会有一个上坡。

如果是"反其道而行之"呢？在过去一年的教学中，一年级学生一路读着经典过来。到了第二学期，我提取部分《西游记》原文进行讲解，其语言是半文言的。经过训练，大部分孩子能逐渐理解《西游记》原文的意思，而且在课堂上听得津津有味。到了第三学期，配合评书，我加入少量唐诗讲解，孩子们也都学得好轻松愉快。

相信看完这些例子，大家也是心中有数了。

三. 底层参照系和思维方式的建立

我们从前面看到，经典里有大量充满智慧的话语。孩子小的时候，学的东西会直接构筑他对这个世界的价值观和思维模式，这个会影响他们一生的发展。俗话说"三岁看大，七岁看老"。孩子就好像一张白纸，你给他的灵魂打上何种底色，直接决定着他以后的成长与发展道路。

杨振宁发表的《父亲与我》一文中曾经特别提及过一件事：他九、十岁的时候，他父亲已经知道他学数学的能力很强。但是在他初一与初二之间的暑假，父亲请雷海宗教授介绍了一位历史系的学生教他《孟子》。雷先生介绍他的得意学生丁则良来。丁先生不但教他《孟子》，还给他讲了许多古代历史知识，是他在学校的教科书上从来没有学到的。就这样，杨振宁在中学时代，就可以背诵《孟子》全文。"他回想起这个经历，在中学阶段，父母要求他背诵《孟子》。当时的他没有选择说不的权利与勇气，只好勉为其难，把整本《孟子》装进脑子里。他上大学后，学习自然科学，一路走来极为顺利，并获得诺贝尔物理奖。但是，说来奇怪的是，他幼年时所背的孟子，在成年之后，居然成为他为人处世的基本原则。换言之，孟子的话在他心中形成一套价值系统，每当他面临人生的重大抉择，都会提供明确的答案。因此，影响他最深的，并不是他所专长的物理学，而是两千多年前孟子的思想。

可以说，让孩子从小诵读经典，就是让孩子接触中国古圣先贤的智慧，帮助他们在大脑里构筑正确的底层参照系和思维方式。

第二节　　何时开始读经

说完了读经的三大好处后，大家也许会问。从什么时候可以开始？答案是从负一岁就可以开始了，也就是在妈妈肚子里就可以开始了。其实，以前中国人一出生就算一岁，或许他们也意识到新生命是从受精卵就开始了。当然他们不知道受精卵，但是他们确实知道新的生命开始了。大家也许会问，胎儿这么小，怎么学习？当然这个时候，胎儿还无法读经。这就要引入我们另外一个重要的话题："胎教与感知式学习"。

在中国古代，就有胎教的记录。在汉代《史记》中记录周文王之母太任时说："太任有娠，目不视恶色，耳不听淫声，口不出傲言。"这是关于胎教的最早的文献记载。大家可以看到，胎教时期，不但要远离不好的信息，而且要给孩子最好的信息！因为，这个时候，胎儿和母亲的心灵是相通的。根据现代研究，胎儿在 30 周后，听觉系统基本发育完成，他们不但可以听，而且可以记住一些声音和学习语言。在 BBC News 和华盛顿大学(UW)的网站上都有一些关于胎儿学习语言的文章，大家可以去看看。

我们发现，这种心灵相通的能力是延续到出生后的。

让我们看一看中文这个"意"字。它很有意思，是心发出的音，表示意识是就像心里发出的声音一样。这个心的声音就能被胎儿或者婴儿感知到。如果能明白这一点，就能理解为什么婴儿能够迅速地掌握和理解语言。

说到这里，我再提一个日常的小例子。我们在教婴儿学语言的时候，我们有时候会拿着一个玩具在孩子面前一边晃，一边说："抓，抓……"但是我们从来不用花冗长的句子来解释什么是"抓"，有时甚至不需要用动作做示范，我们心里想着抓这个动作，婴儿就模模糊糊意会了。其实这样的例子是很多的，留待大家去观察和思考。

所以，在胎儿时期和婴幼儿时期，母亲听或者诵读经典，就会潜移默化地熏陶孩子。

第三节　起跑线在哪并不重要

说到在胎儿或婴儿时期进行经典熏陶，估计个别家长听了心里就有点焦急了。

有的朋友也许会问，我家孩子十多岁了，还能开始读经吗？说起这个，大家可以猜猜我是什么时候开始读经的。我是快到三十而立之年，为了让自己做一个好妈妈，才决定读经的。你觉得三十岁开始读经算迟吗？我个人的感觉是，什么时候开始读经都不算迟。因为读经改变了我自己，尤其是让我发现自己的弱点，一点一点地自我修正；读经给了我很多智慧，指导我的思想和言行。可以说，任何时候开始读经都是有福的。读经，除了为锻炼语言的发音和打下语言文化的基础外，更本质的是指导自己的言行、思想以至人生。

有的朋友也许会问，如果我家孩子没有赶上头班车，早班车，我家孩子读经还有戏吗？说起这个"不要让孩子输在起跑线"的话题，估计很多人有着复杂的心情。我以前也在思考这个问题，到底起跑线在哪里？现在很多人把这条线不断往前移动，从早教，到胎教，还有推到怀孕前。按这样推，真的可以推到祖宗十八代。其实，我想说的是，无论起跑线在哪，都不重要；关键是明白了道理，运用到当下，每天都有所进步。

另外，人生的旅程比长跑要复杂得多。除了起跑线，还有好多更重要的因素。首先，要有正确的方向。大家都知道南辕北辙，如果方向错了，越努力，偏离目标就越远。其次，在前进的过程中，还要注意不走歧路，少走弯路，少摔跤。

现在有的家长在孩子学习中文的道路上是没有思考清楚就行动的。一会听说某个方法好，马上开始学。不一会觉得不行，马上转用另一套方法。结果转战南北，把孩子最宝贵的中文学习时间浪费在做各种"中文学习实验"上，于是出现了反复拉抽屉的现象。一门外语的学习是需要系统地，有次序、有计划地安排。

最后，我想说的是，**恒心，专注力，持久力都是成就人生的重要因素。而经典恰恰是给了我们管理人生最重要的智慧！**

第四节　　怎样读经

一. 正心诚意，放声朗读

说起怎样诵读经典，我总结了八个字："正心诚意，放声朗读。"

正心诚意，关键是带读的人要做到正心诚意，并把整个气氛带动起来。在家里读经，关键是家长。正如我们前面提到的"感知式"学习，家长是否认同读经，是否诚心诚意，孩子都能感觉到的。可以说，我们到现在还没有看到一个家庭，家长顾着上网打游戏看八卦新闻，孩子能自动把经典读好的。相反，我们看到的很多例子是，家长亲自读经，孩子自然而然接受读经的。

放声朗读是指大家一起，做到"眼睛看着，心里想着，口里念着，耳朵听着，手指指着。"你看，这样，好多器官和功能都用上了，就不太容易走神，信息在脑子里的作用也更大一些。

做到这八个字的目的，就是让家长和孩子进入状态。以前有的私塾老师读经时，情不自禁地摇头晃脑，就是进入了状态。我并不是说大家要刻意摇头晃脑地读经，但是要体会那种专心致志的状态。

2015年，很多家长说来观摩我们的读经小组活动。很多人来之前也许在预想着我们有什么小窍门，小游戏来带动孩子读经。但是她们来后，都无一例外地发现，我们的整个读经过程非常简单，就是家长和孩子围坐一起，家长说："孩子们，我们开始读经啦！"然后，大家就开口朗读。

为什么我们会用这么简单的方式来进行读经呢？原因有三个。

第一，建立一个好的气氛。这个很重要，想想以前在国内，大家都想上重点中学，图的就是学习的气氛。大家在读大学的时候，晚自习都喜欢去图书馆或者课室，一般不会在宿舍，也是图个气氛。

第二，当孩子坐下来，一起读经的时候，往往那是他们注意力最好的时候。如果这个时候，我突然跳出来，跟孩子讲个笑话，孩子们的心就飞走了，要把心再抓回来，定下来读经，还真不容易。

第三，有助于培养良好的读经习惯。

二. 不以物质奖励来引导读经

2015 年夏天我和孩子之间有一个关于"冰激凌和跑步"的对话。暑假，我想开始带孩子每天跑步。我在地图上标出我们跑步的路线，孩子一看，哇，2.5 英里（相当于 4 公里），再看看外面的太阳，孩子们都不情愿了。

我就问他们："如果给你们两个选择，冰激凌和跑步，你会选择什么？"孩子们不加思索地说："冰激凌!"

接着我又问："如果每天给你一个冰激凌，或者每天跑一次步，你会选择什么？"孩子们还是不加思索地说："冰激凌!"

我又继续问："如果你每天一个冰激凌，坚持一年，两年，三年下来，你有什么收获？"孩子们想了想说："也许会变成一个大胖子。"我追着问："除了变成一个大胖子，还有什么收获？"孩子们想了良久，摇摇头。

　　然后，我换了另个选项问他们："如果你每天跑一次步，坚持一年，两年，三年下来，你有什么收获？"孩子们很快就回答："这样坚持跑步，身体会健康。"我又启发他们说："除了身体健康，你还会有什么收获呢？"孩子们也尝试着回答："也许会养成锻炼的习惯。"我说："对的，经过这样坚持下来，你们就体会到什么是做事情的恒心和毅力。有了恒心和毅力，你可以把这些品质用到其他方面，让你一辈子受益。"

　　经过我一番述说，孩子们同意去跑步了。但是他们马上提出了一个要求："能不能既要冰激凌，又要跑步。也就是每天跑完步，你奖励我们一个冰激凌。"

　　我于是说："这样可能会带来两个问题。第一，你们在跑步的时候，老想着冰激凌，就不会体会跑步的快乐。妈妈是从小学一年级开始坚持每天跑步，到中学，再到大学，即使工作了也坚持跑步，我是真心喜欢跑步，我也希望你们能体会跑步的快乐。第二，如果你跑步是为了一个冰激凌，如果有那么一天，我忘记了给你们买冰激凌，你们就没有动力去跑步了，也就无法坚持下来了。"听了这个分析，孩子们最后同意，不要冰激凌，就直接去跑步！

　　第一天跑下来，孩子们挺累的，我也感觉累；第二天，感觉稍微好点；第三天，慢慢适应了，就感觉没有那么累。

就这样，一天一天跑下来，慢慢地，孩子们也适应了。有时候，我下班回到家，孩子们就主动说："妈妈，我们去跑步！"我有些累，就皱皱眉头说："妈妈有点累，不知道是否跑得动。"没想到孩子们说："不要紧，你可以骑车，我们跑步。"你看，他们自动提出要跑步了。

又有一天，孩子突然跟我说："妈妈，我觉得跑步挺好的。"我问："为什么呢？"女儿说："我们跑步的时候，看着蓝天白云，再看看路旁的花花草草，很开心！"儿子说："我感觉跑步的时候，脚下生风，就像那个神行百步，草上飞！"

可以看到，孩子们开始体会到了跑步的乐趣。

其实读经也一样。我讲这个例子，主要是想说明不要通过物质刺激来引导孩子读经，而是家长要领着孩子进入状态，让读经成为一种自然的状态。当然，在读经后，也要让孩子们放松玩一下。

三. 小小孩的读经方式

在前面提到了读经要指读。接着有家长问我，她的孩子两岁，需要指读吗？但是孩子不愿意指读咋办？

这回到我们最开始提到的，要顺应其自然成长之性。孩子小的时候，通过听觉学习的能力很强，所以两岁的孩子，建议还是以听为主。再者，考虑一下两岁的孩子，不少还是刚学会说话，应该根据各个孩子的特点，选择他们适合的方式来进行经典熏陶。如果愿意读，就让他们读。如果不愿意读，就多听。现在有不少例子表明，妈妈一边读经典或听经典，孩子在旁边玩耍，就自然而然记住了经典。有的妈妈是带孩子散步的时候，自己读，孩子跟着听，也记住了经典的内容。过去一年里，不少家长欣喜地告诉我，带着老大读经，没想到老二在旁边玩耍打酱油，居然在某一天把经典背了出来！要知道，他们的老二都没有坐下来听经典，更没有跟着指读经典啊。他们都大呼不可思议。其实，这恰恰说明，道法自然，就是最佳的。

四. 读经是否讲解

这个问题，也是大家很关心的。在回答这个问题前，我们先思考一下几个方面：

第一，孩子在小的时候，理解力比较弱，记忆力很强。大家试想一下，孩子在三四岁的时候，你跟他讲"知足之足，常足矣"，要费多少唇舌啊？哪怕费了很多唇舌，最终孩子也不一定理解，但是他们可以在诵读过程中轻而易举地记住这些句子。

　　第二，小小孩对理解记忆的意愿低。我们大人往往更习惯于理解记忆，看不懂的句子就喜欢问是什么意思，同时还要和自己已有的知识比对一下，判断一下。这样的好处是对知识认知和分辨得比较细致。但是这种信息接受方式就像加了一个过滤器，记忆的效率很低；往往还不容易接受与自己已有认知结构不同的知识。小小孩开始并没有什么主观愿望去理解一句话。他们的大脑就像海绵一样吸收着各感官（眼、耳、鼻、舌、身、意）接收到的信息，直接记忆力非常强。你给他好的信息，他就接收好信息；你给他坏的信息，他就接收坏的信息。他们这个时段接收的信息构筑着思想的底层参照系。在以后一生中都扮演着极其重要的角色。所以这个时间段是广收各种好信息的黄金时段。

　　第三，经典的内容是我们用一生去理解和领悟的，也不一定能完全讲明。哪怕专门讲授经典的大学教授，恐怕也不敢说已经全部弄懂弄透了。

　　所以我们在读经的过程中，是循序渐进，也就是在最开始的时候，我们不主动讲解。慢慢大一点了，我们就稍微讲一下自己有体会的句子。因为，讲解自己有体会的句子，往往能结合自身的例子讲出来。这样讲解，传递的信息量大，说服力强。另外，小孩子读经多了，往往会主动问句子的意思，这是最好的学习时机。这时候，家长要马上鼓励和肯定孩子的求知欲，并且应该根据自己的理解和体会进行讲解。对于自己不理解的句子，也应该尽量和小孩子一起上网去寻找答案，如果错过了这个时机，就很可惜。还有一个好的学习时机，就是小孩子做某些事情的时候，家长结合读过的经典顺势讲解，孩子就能很好地接受。例如，小孩子说他们班上哪个小朋友做得好，或者哪个小朋友做得不好，我们就可以顺势告诉他们："见贤思齐焉，见不贤而内自省也。"这两种机会的把握，都需要家长熟悉经典。所以我们强烈建议家长也要学习经典，对小孩既起到模范作用，又有助于抓住时机给予解释和引导。

中国有句话"书读百遍，其义自见。"我想起我先生的爷爷，90多岁高龄，头脑清晰，思维敏捷，谈吐儒雅，腿脚灵便，还能经常骑自行车到处走动。他跟我说起，他小时候在私塾读书，读的就是四书。这个过程中，私塾先生是不讲解任何句子的。哪怕他去问先生，先生也是跟他们说："书读百遍，其义自见。"奇怪的是，那时候虽然他不理解文章的内容，但是他能轻易地记住了文章。直到他在以后的人生历程中，他遇到某一个事件，就会感觉脑子里灵光一闪，突然就理解了其中的一些句子。

所以说，在孩子小的时候，应该以多读和背诵为主，在将来的某个时候，孩子读多了，就会突然感知到；或者遇到某个事情，他们会突然领悟到经典句子的意思。

第五节　读什么经典

至于读什么经典，一个原则是**"什么上乘，什么有智慧，就读什么。"**经典就是一个民族最精华最有价值的著作！不同的人，不同的民族对经典可能有不同的选择。相同的是，这些经典都在千百年来指导着人们的思维模式和价值观。

我们读经小组读过的经典有：《道德经》、《黄帝内经》、《周易》、《大学》、《中庸》和《论语》。还间插读了《唐诗三百首》、《声律启蒙》、《古文选》一部分。不一定是最佳集合，仅供参考。

其实，知识性强的歌诀也可以。例如，可以把现代的知识编成歌谣，先记忆，后理解。假如现在有哪位能人，把人体解剖学编成歌谣，我们也可以叫孩子先背诵，等将来再理解。道理是一样的。

第六节　诵读经典，勿忘根本

在教学读经的过程，重要的是不要忘记了读经的根本目的。显然，背诵不应是根本目的，它只是其中一种方法和手段。根本目的是让自己的身心，言行趋于更优化、圆满的状态；使人生更顺利、更完满。有的人读几句话就能达到这种状态，有的人博览群书，经历了人生的起起落落之后达到这种境界。

在这里，我想分享几个小故事，希望对大家有启发。

释迦牟尼挑选了十六位尊者，其中一位特别笨，叫盘陀伽。他在孤独园，阿难帮他剃度出家的时候，教盘陀伽四句偈颂，主要内容是："诸恶莫作；众善奉行；莫执自我，正念、正知、正命。"三个月后，可怜的盘陀伽仍然记不得这么一个偈子。既然连博学多闻的阿难都无法教会他，佛陀就亲自教他。佛陀要他勤快地打扫寺院，也要帮其它比丘们擦鞋子。同时要一边扫，一边擦，一边念诵两个词："拂尘、扫垢。"正是这么简单的两个词，盘陀伽每天不停地念啊念啊，突然有一天，他悟出其中道理，并落实到自己的身上，最终也修成正果。

说起读《论语》，有的家长说，那么多句子，孩子记不住，咋办？我一般会答："只计耕耘，收获自然成。"当然，能够熟读成诵是好事，这也是一个自然而然的过程。我们身边很多例子也证明，孩子在熟读经典到一定的程度，背诵是水到渠成的。背诵确实是一个很重要的手段，而且我发现当孩子能够把经典背诵下来后，经典中的句子就在不知不觉中融入到孩子的血液里和生命中。读经的根本就是要把其中的道理融入到思想中，落实在行动上，一生奉行。正如《论语》里面提到了这么一个有趣的对话。子贡问曰："有一言而可以终身行之者乎？"子曰："其恕乎？"意思是说："有什么话，可以终身奉行的吗？"孔夫子就说了："那就应该是'宽恕'了吧！自己不想要的，也不要强加给别人。"己所不欲，勿施于人。大家想想，如果你的孩子记住了这个"恕"，一辈子都这样来要求自己，这就是大收获了！

《论语·学而第一》里还提到：子夏曰："贤贤易色，事父母能竭其力，事君能致其身，与朋友交言而有信。虽曰未学，吾必谓之学矣。"大家可以看到，关键不是学了多少，而是做到了多少。《论语》是倡导实践的。

又例如，《圣经》有很多有智慧的话语。记得我当年读到一句"温柔的人有福了，因为他们必承受地土"（来自《马太福音》）的时候，有一种当头棒喝的感觉，因为我惭愧地发现，自己不是一个温柔的人，在很长的一段时间里，我努力地向温柔的方向靠拢。如果您的孩子读到这一句话，深有感触，并且在生活中时时提醒自己去做一个温柔的人，那么你还用为他（她）的人际关系担心吗？

在《圣经》马太福音里，有一个关于撒种的比喻。耶稣用比喻教导他们许多事，在教导中对他们说："你们要听！有一个撒种的人出去撒种，撒的时候，有种子落在路旁，飞鸟来吃掉了。又有种子落在岩石地上，岩石地当然没有多少土壤，因为土壤不深，种子立刻发芽，可是太阳一出来，就把它晒干，既没有根，就枯萎了。又有种子落在荆棘里，荆棘长起来把它挤住，它就结不出果实来。又有种子落在好土上，生长茂盛，结出果实来，有三十倍的、有六十倍的、有一百倍的。"大家想想，既然那么多的种子不能发芽，为什么还要撒种？相信大家心里都明白，如果不撒种，就不会有发芽，更不会有生长茂盛。如果撒种了，撒了好多种子，只要其中一颗能发芽，那么收获将是十倍，百倍的。我们让孩子读经，就好比撒种，经典中有一个道理在他们的生命中起了作用，那么所获可能将是十倍，百倍的。

最后再讲一个简单的比喻。大家都知道跑步好，小朋友都一起来跑步。在跑的过程中，有的人耐力比较好，最后成为世界马拉松冠军。有的人爆发力好，最后成为世界短跑冠军。但是很多人，既不会去跑马拉松，又不会去跑短跑，但是让跑步成为生活的一部分，每天开开心心地跑步，过着健康的人生，那就是收获。

读经也一样，每个孩子读经的道路是不尽相同的。我们要做的是，不停撒种，让经典成为孩子生活的一部分，让经典陪伴孩子的一生，让经典成为他们思想和言行的指南。

读经的孩子，是有福气的！经典可以给孩子的灵魂抹上智慧的底色，辅助孩子成为各个领域的人才！

 第七节　　如何在当代学习经典与圣贤

一. 两个极端

提起学习中国经典，听到的意见往往是褒贬不一。常见的有两个极端倾向。

一个极端是：看到经典中某一句在当代不适用了，从而否定读经。另一个极端是：经典里句句是至理名言，不能有一丝的质疑。

首先我们需要肯定的是，经典里绝大部分内容到现在对人们的思想和言行仍然有十分好的指导意义。随手翻开经典，闪光的思想随处可见。特别是读到一些经典名句，时而豁然贯通；时而在内心产生巨大的共鸣。正因为如此，经典名句被一代代文人墨客引用，广泛地出现在后世的文学作品中，以至于成为人们日常生活语言一部分。从另一个角度说，历代精英对经典句子的引用，也说明了这些句子如金子一般，历经大浪淘沙，依然烁烁发光，永不褪色。

但是我们又必须客观地说："不要期望经典中的每一句都合符现代社会。"这里有两层意思：**第一，时代是发展的。**我们都知道刻舟求剑的寓意，然而在生活中，却往往不知不觉地充当那个刻舟求剑的楚国人。**第二，不要太苛求古人。**试想一下，两千年前人们的生活环境，社会结构，对自然的认识，劳动方式等都跟现代有巨大差别。但是那个时候，他们写的文章，绝大部分内容，到现在仍能指导我们的思想和言行，真的是非常了不起的！

二. 读经典，到底学什么

说起读经典，学古人，容易走入的误区是：只是背诵经文，或生硬地套用经典的语言。其实，我们要学的，是践行经典里的道理，更重要的是学习古圣先贤的精神。让我们看看古人有哪些值得我们学习的精神？

（一）　谦虚随和

从《论语》中可以看出，孔子和学生的讨论是非常随和的，而且他从来没有把自己摆在一个神的位置，而是在多种场合中体现他的谦卑。我们都熟知的"三人行，必有我师焉。"就是出自孔子之口。又例如，《论语·公冶长》里有这一段。子谓子贡曰："女与回也孰愈？"对曰："赐也何敢望回？回也闻一以知十，赐也闻一知二。"子曰："弗如也；吾与女弗如也。"孔子作为颜回的老师，自叹不如颜回，这是一种多么谦卑，踏实的态度啊！

（二）　敏而好学

牛顿曾经说过：如果说我看得比别人更远些，那是因为我站在巨人的肩膀上。古人写的经典，也同样是传承了前辈的成果。《论语》开篇就是《学而》，专门论述学习的问题。孔子以博学著称，他的博学是以好学为基础的。他常说："我非生而知之者，好古，敏以求之者也。"相传，孔子对《周易》有深入的研究和很高的造诣，著有《易传》。同样，孔子与学生的对话中多次提到了《诗经》，如"不学诗，无以言。""兴于诗，立于礼，成于乐。""《诗》三百，一言以蔽之，曰'思无邪'。"以上种种充分证明了孔子很注重对前人知识的学习。

老子的《道德经》被誉为万经之王，对中国哲学、科学、政治、宗教等产生了深刻影响。老子年幼时曾师从于殷商礼乐的商容老先生。商容老先生博古通今、精通天文地理，深受老子一家敬重。后来，老子在周朝国都洛邑（今河南洛阳）任守藏室吏（相当于国家图书馆馆长）。可以肯定，老子的成就与他有机会大量学习前人著作有着密切联系。

（三）　不断创新

孔子不但谦虚好学，而且是非常具有创新性的。大家耳熟能详的孔子名言"温故而知新"，就是强调了不但要"温故"，而且要"知新"。再想想，在孔子之前，很多人教徒弟是口传面授，能教的弟子是屈指可数。然而孔子却有弟子三千！那个时候，没有录音，没有视频，没有网络，更没有微信，孔子以一己之力而教三千弟子，不能不说是一个教育的奇迹！还有，孔子的教学从来不是机械地说教，更多的是启发学生思考，像一名导师。《论语》里有不少孔子与学生的对话，就是从启发式设问开始的。从这些就能看出，孔子的教学方法和传播方式就是一个极大的创新。

法家代表人物韩非子《心度第五十四》里提到"法与时转则治，法与世宜则有功。""故圣人之治民也，法与时移而禁与能变。"这当中的"法与时转"就充分体现了与时俱进的思想。

因此，我们通过读经典来学习古人思想时，千万不能僵化死板地照搬书本，必须要有符合时代环境的不断创新。

（四） 注重实用

在春秋时期，群雄争霸，各个国家都在争夺有思想的人才，但那时候还没有科举考试制度，要得到诸侯的赏识，就要有独到的见解，而且能说会道，所以出现了很多纵横家。孔子的学说，作为百家争鸣中的一枝，其很多弟子都受到诸侯的器重，三千弟子中就有七十二贤人，名人比例高达 2.4%。足以可见孔子学说在当时的实用性。

从这里，我们可以看到，孔子提倡的学习是活泼生动的，提出的理论是结合实践的。脱离实践的理论也只能是空中楼阁，缺乏生命力。同时，我们学习经典，要注重实效，结合实际地灵活运用。接下来，我们进一步分析活学活用。

三. 活学活用

前面提到在经典中，我们可以向古圣先贤学习其智慧和精神。那么怎么做到活学活用呢？建议从下面几个方面入手。

（一） 切忌纸上谈兵

我们都知道"纸上谈兵"这个故事。赵括熟读兵书，缺乏实战经验；却自以为是。结果导致了四十万赵军被杀的惨痛悲剧。长平一战之后，赵国再无力对抗秦国，直接促成了赵国亡国。以至后代的史学家感慨道"死读兵书，不如不读兵书。"同样的，我们学习经典，切忌生搬硬套。

有个误区，就是认为只要读了四书五经，就能成大材。其实读经只是一个起步，只是培养人材的一块重要基石。大家可以看看，在晚清时期，朝廷中就不乏通读四书五经的文人，但是能领悟其中精髓，并结合实际情况去实践的人并不多，相反，不少人是死读经典而不开化的腐儒。当时有这么一段耐人寻味的故事。据说李鸿章从英国海军司令何伯处得了两个千里镜，也就是单筒望远镜，他赶紧送了一个给恩师兼上司曾国藩。当时曾国藩一看，惊讶不已，他不但心里不停琢磨其中的原理，而且感悟地说："天下之物，凡加倍磨治，皆可变换本质，别生精彩"同时他马上命令手下人向何伯买来几十个千里镜，为炮兵打仗时提供方便。然而，当时在旁边的一些大臣，却是抱着不屑的态度，认为这是洋人的奇巧之器，我清朝泱泱大国，根本不需要这玩意。试想一下，如果当时清政府上下都是这样自大自封的书虫占据着，如果当时没有曾国藩，李鸿章这样既熟读经典，又领悟其中道理，更能实事求是地实践的忠臣来指引朝政方向的话，就不会有中国近代的洋务运动。

经典的智慧，如果仅仅是以文字的形式存在脑子里，可以说是没有任何价值的。但是如果自恃肚子里有几句经典的墨水，而骄傲自大，拒绝接触新的事物和新思想，甚至以此嘲笑别人的虚心学习，那就太可怕了！所以我们学习经典，不能只留于纸上，不能仅满足于出口成诵。

（二）　直指本质

学习经典，不能只学字面意思，还要看文字背后的本质思想。

在《论语·雍也》里有这一段。宰我问曰："仁者，虽告之曰：'井有仁焉。'其从之也？"子曰："何为其然也？君子可逝也，不可陷也；可欺也，不可罔也。"意思是宰我问孔子："追求仁德的人，假如别人告诉他井里掉下去一位仁人啦，他应该跟着下去吗？"言下之意是跳下去救，即使死了也是"仁"和"见义勇为"的表现，但不救就是"见死不救"和"不仁"。然而孔子说："为什么要这样做呢？君子可以到井边去救，却不可以陷入井中；君子可能被欺骗，但不可能被迷惑。"由此可见，孔子更注重于救人的本质，也就是看最后结果，而不是行为的表面性。如果是徒然危害自己，同时对别人没有好处的行为，是不可取的。

这还让我们联想起尾生的故事。春秋时，鲁国曲阜有个年轻人名叫尾生，与圣人孔子是同乡。尾生为人正直，乐于助人，和朋友交往很守信用，受到四乡八邻的普遍赞誉。有一次，他的一位亲戚家里醋用完了，来向尾生借，恰好尾生家也没有醋，但他并不回绝，便说："你稍等一下，我里屋还有，这就进去拿来。"尾生悄悄从后门出去，立即向邻居借了一坛醋，并说这是自己的，就送给了那位亲戚。孔子知道这件事后，批评尾生为人不诚实，有点弄虚作假。尾生却不以为然，他认为帮助别人是应该的，虽然说了谎，但出发点是对的。对于这件事，我们不得不佩服孔子，他提倡助人为乐，但反对做表面文章的善行。所谓"有心为善即为恶"，指的是为了强求做善事，即使时机不成熟也强求着去做，其实是为了粉饰出一个善的表面，而忽略了善的本质。真正的善是时时保持善念，遇到需要帮忙的，随手就做，不论大小，也不矫揉造作。

(三) 知行合一

知行合一，是王阳明心学的核心理念之一。他的一生把"知行合一"演绎得淋漓尽致。

晚清四大名臣之一的曾国藩也堪称典范。其修身，治家，为官之道得到人们的广泛称赞。他在写给诸弟的一封家书中谈到："绝大学问即在家庭日用之间"。他认为："读圣贤之书在于领悟其中的道理，领悟道理在于指导生活实践，只领悟其中道理，而不身体力行地去实践，不仅无益，反而有害。"

说到这，不得不提一下尾生的另一段故事。《庄子·盗跖》："尾生与女子期于梁(桥)下，女子不来，水至不去，抱梁柱而死。"这是讲他在梁地认识一位漂亮姑娘。两人一见钟情，私订终身。但姑娘的父母嫌弃尾生家境贫寒，坚决反亲事。为了追求爱情和幸福，姑娘决定背着父母私奔。那一天，两人约定在韩城外的一座木桥边会面，双双远走高飞。黄昏时分，尾生提前来到桥上。不料，六月的天说变就变，突然狂风怒吼，雷鸣电闪，滂沱大雨倾盆而下。紧接山洪暴发，滚滚江水席卷而来，淹没了桥面，没过了尾生的膝盖。"城外桥面，不见不散！"尾生想起了与姑娘的誓言，四顾茫茫水世界，不见姑娘踪影，仍寸步不离，死抱着桥柱，终被活活淹死。再说姑娘因为私奔念头泄露，被父母禁锢家中，不得脱身。她午夜后伺机逃出家门，冒雨来到城外桥边。此时洪水已退，姑娘看到紧抱桥柱而死的尾生，悲恸欲绝。姑娘哭罢，便相拥纵身投入江中，谱写一幕惊心动魄的爱情悲剧。尾生信守诺言是美好的，但却被僵化地执行，不懂得随着情况的变化而变通，其结果也是可悲的。其实尾生完全可以爬上一棵树或跑到高地等候。只要留得青山在，不怕没柴烧，若是青山不再，生命不复，什么诺言都无法实践。

我们学习经典，关键是领悟其精髓，然后处于什么情况，就适当地调整，灵活应用。

（四） 与时俱进

社会是向前发展的。不仅科技在进步，而且各种礼仪和观念也在演变和发展中。如果不与时俱进，只是墨守成规，最后也只能是与时代格格不入。

在《论语·八佾》里提到：子贡欲去告朔之饩羊。子曰："赐也！尔爱其羊，我爱其礼。"意思是说子贡提出去掉每月初一举行告朔之礼所供奉的腥羊。孔子说："赐，你爱惜那只羊，我却爱惜那种礼。"孔子时代对礼是非常尊崇的，并且严格执行，所以在《论语》里多次讨论到礼。但是随着时代的变迁，礼也在变化。我们不可能完全按照古人的方式去执行礼。例如古人用猪羊祭祖，今人可以改为敬鲜花果品。

方式变了，但是"礼"背后的实质是一样的，就是创造一种氛围，让人们心里生起恭敬心。时时保持对万物的恭敬心本身既是一种方法，也是一种境界。

　　总结一下，学习经典，并不是死记硬背，而是从中学习古人的智慧和好的精神。经典中的道理都是活泼生动，不僵化死板的；我们需要的是洞察这些做人道理背后的本质，融汇贯通，不停地思考，不断地进步，并加以灵活运用。

第六章　快乐评书

第一节　听书的重要性

在之前分享"中文之路"的一章中，我提到了听评书。现在无论谁来问我怎么帮助孩子学习中文，我也是一再强调：听评书！为什么听书那么重要呢？

一. "听"是学习的方便法门

古人学习一般是通过两个途径，一是拜师学艺，如果有幸跟着名师，每天老师口传心授，进步可以很快。二是读书，如果没遇着名师，主要靠读书了。俗话说"书中自有黄金屋，书中自有颜如玉。"靠读书学习，就必须先过认字阅读关，这也是近代语文教育都由认字阅读入手的由来，因为文字是古时记录知识的唯一媒体。

然而现在的科技发达了很多，文化知识还被大量记录在音频、视频中。大家通过音频、视频也可以向名师学习，不一定需要先过认字阅读关。换句话说，将来的孩子即使不懂汉字，只要能听懂中文，也一样可以了解中国文化的方方面面。

"听"还是一个高效利用时间的方便法门。譬如我曾经苦恼自己找不到时间学习，因为每天忙完工作、孩子、家务，加上晚上读个经，就基本找不出时间来学点新的东西了。后来我先生把《百家讲坛》的音频下载到一个 MP3 机，那样我在开车的时候或者做家务的时候，就可以把一个讲座听完了。就好比是一位名师在我干活的时候，陪伴着我，向我娓娓道来他的心得。

同样道理，现在的孩子，学的东西广泛得多了。除了学校的功课，课外英文阅读，还有各种各样的课后班，所以孩子们能拿来进行中文阅读的时间就非常有限。如果他们能在坐车的时候，在家用餐的时候，早上起床梳洗的时候，晚上洗澡的时候，又或者在家里和兄弟姐妹玩耍的时候，顺便听上一个评书或讲座，既立体使用时间，又在轻松的状态下学习点知识和道理，何乐而不为呢？

二. 中文理解能力的培养

在中文学习中，有一个误区：孩子的中文理解能力是在识字量达到一定的时候，才开始训练的。其实，孩子的中文阅读理解能力是在孩子还没有开始识字之前就应该开始了。
这也是世界各国孩子学习母语的基本方式。

　　在 2016 年 9 月底开班的时候，我让一年级学生听单田芳的《西游记》。一开始，不少家长有各种疑问："这么难，能听懂吗？""这个口音，我的孩子不适应啊。""我家是中英双语家庭，这个真是挑战啊！"听到这些声音，我除了课堂上安排辅助听书的文化知识，每节课后都跟家长沟通，如何帮助孩子听评书。半年后，坚持听书的孩子，都取得了显著的进步。到了第三学期，不少家长欣喜地说，没想到孩子那么喜欢听《西游记》，有的还喜欢上听原文。个别没重视听评书的家长，到了第二学期末考试，发现自家孩子的中文理解能力远远落后于别的孩子（最开始孩子们的听力水平是相近的）。通过将考试成绩与听书作业的记录进行比对，就可以看到两者有直接正相关的关系。由此可见，真是练什么得什么。经过差不多一年听书练习的孩子，其听力得到很大提高。这其实已经是在给将来阅读理解打下基础，如果孩子能把复杂的故事情节听懂，能理解一定深度的语言，那么日后随着识字量的提高，家长还用担心这些孩子是否读得懂有深度的中文书吗？

如果你想让你的孩子高效地利用边角料时间学习中文与中国文化，如果你想快速提高你的孩子的中文理解能力，那么就让他听评书吧！

第二节　　评书给孩子带来什么

一. 丰富的语言

首先，评书里有各种各样的人物描写，有老的，少的，男的，女的。女的也分肥的，瘦的，丑的，美的。美的女人，也分开不同的类型，有不同的描写。四大美人，沉鱼落雁，闭月羞花，各有各的典故，各有各不同的描写语言。评书里有大大小小各种不同的场景，既有千军万马的战场，又有恬静的平湖秋月；既有高山流水，又有大海、平原和荒漠；既有宫殿高堂，又有民居草庐。每个场景描写的语言都各不相同。评书里还有错综复杂的故事情节，有各著名作家的优美措辞和丰富思想，有大量的成语，谚语，歇后语，诗词，名句等等。想想我们平时跟孩子的中文交流，一般会是什么呢？无非是吃喝拉睡，加上玩（去公园玩，好不好玩等）和学习（作业做了没有？弹琴了没有？等等）。我们的日常中文交流，跟评书的语言相比，是平淡单调得多了！所以说，海外孩子的中文语言训练是非常缺乏的。而听评书，正好可以帮助孩子补上语言听力训练。

二. 中国传统文化知识

评书里的故事发生在各个不同的节日，例如春节，中秋，端午等，自然也会提到相应的节日风俗。评书的故事发生在中国幅员辽阔的大地，从岭南到塞北，水乡到大漠，内陆到边疆，各地的风土人情在评书里都自然会介绍到。评书的故事，还发生在不同的场合，对于各种宫廷礼节，婚嫁仪式，红白事宜，等等都会自然而然提到。而且在故事中提到的这些风俗、人情、礼节、仪式，是和生动的故事情节结合在一起的，孩子们更容易理解，更容易记住。这比我们单独找个时间，把一个一个的风土人情，礼节仪式进行介绍要生动得多了。

三. 大量的历史人物和故事

一般的评书，是讲述某一段历史场景下错综复杂的故事。如《东周列国志》《楚汉争霸》《三国演义》《兴唐传》《明朝那些事儿》等。故事里有明君，也有昏君；有忠臣良将，也有奸臣小人。孩子们会听到国家的分分合合，也听到历史朝代的变更。通过听评书，孩子们对整个中国的历史发展，基本就有一个概貌了。许多大家熟悉的历史名人和典故，在评书里都会讲到。想一想，这么多的历史人物和典故，如果我每个晚上都给孩子们读书，一个一个地讲，要讲多久啊？无论孩子们还是爸爸妈妈们都没有这么多时间来读这些历史故事。况且我们自己讲也不一定能讲得比语言艺术家生动啊！在听了多部评书后，有一天，孩子就问我，能不能告诉他中国每个朝代的顺序？于是我就把《朝代歌》找出来，给他解释了一遍，孩子就很轻松地记住了大体的朝代顺序。所以说，评书里大量的历史人物和故事，给孩子们奠定了很好的文化基础。在后来的中文阅读中，遇到的一些典故、名人，孩子们都能顺利理解作者的意思。

学习历史的好处很多，不同的人有不同的想法。正如《旧唐书·魏徵传》所说："以铜为镜，可以正衣冠，以史为镜，可以知兴替，以人为镜，可以明得失。"我让孩子了解历史故事，既是"以史为镜"，也是"以人为镜"。让他们从历史故事中学习做人的道理，理解社会和事物发展的规律，包括一些重要的哲学思想。譬如孩子们听到王阳明"格竹子"的故事时，都不禁笑起来。后来听到他统军征战，创下了很多神话，孩子们对他很多出奇制胜的谋略佩服得五体投地。我就顺势提到："王阳明提倡'知行合一'，就是'要知，更要行，知中有行，行中有知'。我们在日常生活也该时时反观自己，是否做到呀？"

四. 正确的价值观

这点也是我认为最重要的。因为评书里有真善美，也有假恶丑；里面提到了很多如何"修身、齐家、治国"的故事；也提到了什么是"孝"，什么是"仁、义、礼、智、信"。评书里还有大量的故事讲到中国人千百年来颂扬和传承的价值观与美德，如"勤劳"、"勇敢"、"节俭"等等。如果我们平时是苦口婆心地跟孩子说："孩子，你要勤劳啊，你要勇敢啊，你要节俭啊。"孩子们会理解吗，能接受吗？枯燥的说教，其效果可能是孩子的烦躁；但是评书里有活生生的人物、活生生的例子，加上生动的讲述，孩子们潜移默化地就理解了这些价值观。在听故事的同时，适当地和孩子讨论一下，给予引导，孩子们的大脑里就会慢慢将经典里的理论和评书中的实例结合起来了。

第三节　　如何选择评书

对于评书的选择，每个家长可能会有不同的偏好。我给孩子选择评书的原则如下，供大家参考：

一. 先完美结局的

因为小小孩有追求完美的天性。他们甚至会为一朵花缺少一个花瓣而难过，为摔伤了的木偶包扎。这种特性在越小的孩子身上会越明显，所以我们也尽量先挑一些大团圆结局的故事给孩子听。例如大家熟悉的《西游记》，每次唐僧遇难，我们知道最后一定是逢凶化吉，遇难呈祥的。唐僧一定是会被救出来的。这样的故事，引人入胜，小孩子会追着听下去，最终听到大团圆结局，孩子也会感到开心。

二. 先神话，后现实性的

在孩子小的时候，更喜欢听神话故事。随着他们的心智成熟，他们也会慢慢接受和喜欢现实性的故事。所以我建议在孩子小的时候，可以听多点神话故事。等到他们大一点的时候，就可以加入一些现实性的故事。这样也符合他们的心理成长的规律。

三. 先名著，后其他

海外的孩子，学习中文的一个很大的限制就是"时间"。孩子们除了要同时保持良好的英文水平，往往还有许多课后班。所以花在中文学习上的时间是非常有限的。孩子们哪怕开始自由阅读了，也不一定能有时间把四大名著给读下来。

中国的四大名著，不仅有很高的文学价值，文化的影响也是巨大的。如果孩子没有机会接触，那会是一个遗憾，很多相关的典故也就不知道了。所以我们利用"听书"的形式，先让孩子们熟悉一下中国的名著。四大名著，除了《红楼梦》，我都让孩子们听了。因为有一种说法，"少不看红楼，老不看三国"。主要是考虑到他们还不一定能理解里面的爱情故事和整个小说的深刻寓意，所以我们暂时没有给他们听。

四. 国语与方言交替

这一点主要是针对讲方言的家庭。因为我家是讲粤语的，我们希望孩子能同时保持对国语和粤语的熟悉。所以在给孩子挑选评书的时候，是一部粤语评书听完，接一部国语评书，这样交错地安排。大家如果希望孩子保持方言的话，也可以参考这个做法。

第四节　怎样听评书

小时候，我听评书是在饭桌边上听的，因为那个时候的广东各大广播电台在中午 12 点和傍晚 6 点都是 30 分钟的评书时间。我看的大部头小说不多，但是听评书让我有了跟这些名著接触和了解的机会。在美国，孩子们学习中文的时间都是非常有限的，特别是高年级的孩子。于是，我们就让孩子在车轮上听评书。从 2010 年起，孩子们无论去哪里，在车上的时间基本都是在听评书。大家想想，如果孩子每天花在车上的时间一个小时，那么一年 365 天，就可以听 365 个小时了！加上大家如果外出度假，所有车轮上的时间利用起来，孩子的收获就不可估量。

在孩子听的过程中，要给予适当的解释和引导。

第一，对于一些深奥的词语，成语，歇后语，给孩子们适当的解释。譬如刚开始听《西游记》，听到孙悟空道心开发，想寻找长生不老的秘诀。孩子就问我："妈妈，什么是长生不老啊？"你们可以看到，在我们大人眼里这么简单的词语，孩子们还真的不懂呢。于是我就把故事停下来，跟他们说："'长'就是长长久久的意思。'生'就是活着，不死的意思。'不老'就是长得还很年轻。'长生不老'就好比说一个人活到一百岁，两百岁，但是看起来还是二十岁。"我们时时需要记着，孩子们在这边出生和长大，很多我们看来简单的词语，他们确实是不懂的，给予耐心的解释是很必要的。随着孩子听的评书越来越多，他们很多语言融汇贯通后，就会问一些更高级点的问题。

　　第二，对于一些跟现代社会标准不相符的行为，要给孩子适当引导。譬如在《水浒传》里，有不少为见义勇为，除暴安良的杀人情节。我们就可以把故事停下来，问一下孩子："他这种解决问题的方式对不对？"根据孩子的反应，可以适当引导他们："伸张正义是对的，但是我们现在有了比以前更加公平、法治的社会。已经不再需要用以前的方式去解决问题。判断一个人是否有罪，是有严格的法律程序，有陪审团发表意见，最后让法官来评判的。"其实孩子们都是乐意听大人教导的，只要大人给予了足够的引导，孩子们还是理解的，这也是培养孩子辨别能力的好机会。至于何时引导讲解，关键是家长做到心里光明中正，就会把握哪里需要引导，如何讲解了。

　　第三，对于一些有关做人道理，或者有关中国文化里重要的价值观的故事情节，我们可以把故事停下来让孩子思考。譬如，周瑜被气死，大喊"既生瑜来，何生亮！"我们可以把故事停下来，问孩子："周瑜被气死，该不该怪诸葛亮？"孩子也许会给出不同的理解，但是大人可以趁机引导他们"周瑜被气死，主要原因是他自己。胸怀狭隘，容不得诸葛亮的才华。所以我们要时时提醒自己，不要有妒忌心。妒忌心会伤害别人，更主要是伤害自己。对于别人做得好的，我们应该虚心学习。"

第五节　　何时开始听评书

小孩子学习是有一定规律的。听评书不宜太早，也不可以太迟，一般来说，四岁左右就可以听了。孩子小的时候学习语言，相当程度是"感知式学习"，随着年龄的增长，孩子"感知式学习"的能力会有所下降。如果没有其他很多的中文学习，到了十一、二岁才开始听评书，反而没那么容易听懂。所以要非常珍惜孩子这个阶段的学习机会。当然，每个孩子的发育有先后，具体到每个孩子，情况可能略有不同，这个需要家长去观察和体会。有一点需要注意的，孩子每个阶段有不同的身心发育特点，也有不同的任务；时间非常宝贵，错过的时机就再也追不回来。

第六节　　如何让孩子听书顺利上轨

在刚开始让学生们听评书的时候，家长们最关心的问题是孩子是否听得懂。其实，最关键的是，家长是否乐意听评书。根据观察，只要家长喜欢听评书的，和孩子一起听书的，最后孩子都能在听评书上顺利上路。听评书有点像母语的自然学习过程，理解都是由模糊到精细的。一开始都听懂每个细节了，那还要学习吗？

至于具体的方法，我总结了以下几条：

一. 用自然的语言学习的方法

首先，家长要尽量与小孩子用中文交流。在听书上，只要孩子不抗拒，就直接放给他听，不要问孩子是否听得懂。一旦纠结是否能听懂，反而引起孩子不必要的紧张。关键是父母跟着一起听，而且要听得津津有味。孩子受父母气氛的感染，也容易听得津津有味。慢慢地就听进去了。其实自然的语言学习就是这样的。

有的家长曾经疑惑地问，"每次我在车上放评书，孩子都是望着窗外发呆，孩子在这样不经意中能听评书吗？"我的观察是，在坐车的时候听评书是没有问题的，而且会把枯燥的长途坐车变成充满趣味的故事旅程。在孩子玩国际象棋的时候，我曾经在旁边一边做家务，一边放《百家讲坛》的MP3。我当时的目的是给自己学习用的，其中讲到一个故事，很有哲学意义，于是在后来的晚餐中，我想跟孩子分享这个故事。没想到，当我讲了开头，孩子就接着我的话往下讲了。再说，我家女儿是四岁开始听评书的，那个时候，她是坐在车后，我们放什么，她就听什么，而且看起来是一路发呆的样子。我们当时也没有照顾她，基本是哥哥听什么，她就跟着听什么。结果多年以后，在谈起一些她四岁时所听的评书情节，她居然能对答上来。这让我非常惊讶。所以说，孩子们是可以边玩边听评书，或者边发呆边听评书的。

二. 尽量利用好边角料时间

前面说过，我小时候是在吃饭时间听故事的，我们家小孩是利用车上的时间听故事的。我们还尝试过让孩子边洗澡边听故事，那是他们追着故事情节的时候。还有一个家长告诉我，她的孩子利用早上起床梳洗，整理的时间听。家长只要各显神通，时间就找出来了。

三. 讲解中文短语

开始时，孩子对大量的中文短语还不熟悉。我们可以通过有步骤地讲解来加快他们听力理解水平的提高。

在过去的近十个月的教学中，我根据评书内容选取一些中文短语，提前在课堂上讲解。刚开始，有的家长还是持怀疑态度："倒底孩子能明白这些中文短语吗？例如什么叫'青黄不接'，什么叫'是可忍，孰不可忍'？"开学不到两个月，家长们纷纷欣喜地发现孩子的变化。最开始的普遍反馈是，孩子在听书过程中听到我在课堂上讲过的短语，都会忍不住叫起来："老师讲过这个！"我笑着说："这说明孩子是跟着情节听下来了，不然不会对课堂讲过的成语能如此迅速地抓住。"随后，不少家长反映孩子在日常生活中的语言变得丰富，很多短语是看到某个场景就冲口而出，顺手掂来。

有一位混血儿孩子的妈妈跟我说，最开始很担心孩子听不懂，结果后来，她儿子主动提出要找《西游记》的书来看，看来是慢慢喜欢上了。

在听书的起步阶段适当的短语讲解，可以辅助孩子快速提高听书能力，并走上正轨。

四. 视频辅助

如果有时间，也可以带小孩子看一些中文动画片，电影等中文节目。视频携带的信息往往更大，可以练听力，也有助于提高中文学习兴趣。我们之所以推荐以听书为主，是因为听书可以更高效地利用边角料时间，而且评书的资源更加丰富、全面。

第七章　整体性

中国的哲学历来强调整体性。例如"人法地，地法天，天法道，道法自然。"（《道德经》）；或者"天地与我并生，万物与我为一。"（《庄子》）。都阐述了在宇宙，在大自然，万事万物都有联系的。对中国文化和中文的学习，我们也要把握整体性，主要体现在以下几个方面。

第一节　语言文化与文字

文字必须和语言文化这个整体结合，才有存在的意义。在中文学习中"语言文化"是主，"文字"是辅，它是语言文化记录的载体。"语言文化"可以在一定程度离开文字而独立存在，但是"文字"离开了语言文化就没有生命力了。

一些中国农村老太太，虽然目不识丁，但是对中国的道德传统非常熟悉，说话做事不仅得体，还不时能体现中国人的智慧，这是因为她们从小对中国文化的接触和汲取。又例如，六祖慧能大师，家境贫寒，虽没有机会读书认字，但听人读经，也一样可以汲取经文中的精髓，而顿悟。没读过书，却作出了千古名偈"菩提本无树，明镜亦非台。本来无一物，何处惹尘埃？"且不讨论慧能的慧根如何深厚，但是从这里，我们可以看到，一个人不认字，并不影响他对文化的学习和思考。禅宗中有的知识还以口传心授，不立文字的方式代代相传。

现代记录文化的手段比以前要丰富和发达。古人的文化思想很大程度是通过文字作为载体传承的。现代则多了视频、音频等方式，让我们的学习媒体更多样化了。

既然明确了"语言文化为主，文字为辅"，那么孩子在学习中文的时候，首要目标是把"语言文化"的基础打好。退一步来说，如果海外孩子没法认很多字，那么先把语言文化搞好，也不失为中策，总比"语言文化"搞不懂，最后连认得的"文字"也丢掉了的下策要好。

第二节 经典与评书相得益彰

一. 诵经练"说"；听书练"听"

总的来说，读经是训练语言的发放（说）；听书是训练语言的接受和理解（听和阅读）。这两者是相辅相成的。

在前面谈到诵读经典的三大好处，最明显的，也是最直接的好处就是训练孩子的语言发放能力。有的朋友也许会说，孩子经常听父母讲中文，有这个中文的环境，还怕不会讲中文?殊不知道，"听"和"说"虽然亲如兄弟，但确实是两回事啊！其实"说"是要多训练的。我在微软工作时，有一位同事，其父母是香港人，他从小随父母移民美国，在西雅图长大。他跟我说起，他父母是开中国餐馆的，由于英文不大好，所以他的父母在家都是讲中文的。他从小也会听，会讲粤语，但是自从上学后，他就习惯了讲英文，而且是越来越好，粤语则越用越少。在一次的亲戚聚会上，他用粤语讲了一句话，发音不准，在场的亲戚忍不住大笑起来。结果从那以后，他就再也不愿意讲粤语了。到了今天，他跟我聊天的时候，他说能听懂我说的粤语，但是如果他想说粤语的话，就会感觉舌头转不过来，无法讲粤语了，随后还是用英文表达更自如。从这里，我们就可以看到，一种语言，如果不经过反复的训练，其发音的能力就得不到培养，或者是得不到保持的。又好比我们以前在国内学英文，总体来说是"阅读"为主，其次是"听"，"说"基本是没有的。结果不少中国学生到了美国学习，开始的时候主要靠自己"读"懂教科书，在课堂上大概只能"听"懂一半内容。大多数中国学生是不敢在课堂上举手发言的，因为"说"不过关啊。这其实也是因为英文"说"的训练不够所致。

听评书，当然就是重点训练孩子的"听"了，特别是训练孩子通过听，在大脑里构筑一幅画面，能跟着故事的情节想象出一幅幅的场景。能在"听"的过程中，不断地汲取评书里丰富的语言和思想。有的家长问我，什么时候开始练习阅读啊？我就回答他们，听书的时候已经是在开始练习阅读了。丰富的语言和文化基础，恰恰是开展阅读必不可少的坚实基础。

在孩子小的时候，我们提倡"听书"和"读经"两架马车并进，就是帮助孩子进行语言"听"和"说"的丰富训练。

二. 经典重理论；评书重实例

经典是先贤的思想精髓（理论）；评书里则包含着丰富的实践实例。

当我们翻阅经典的时候，往往有一种"弥读弥新，百读不厌"的感觉，那是因为当我们读到某一句，突然联想起生活中的某件事，有一种恍然大悟的感觉。孩子的人生经历尚浅，不一定能读到某句经典就联想到生活中的某件事，但是他们却有时候会联想到评书里的某些情节。

例如《论语·为政》里有"举直错诸枉，则民服；举枉错诸直，则民不服。"意思是提拔正直的忠臣，罢免奸臣佞人，人民就信服；选用奸臣佞人，罢免正直的忠臣，人民就不信服。每次读到这个经典句子，就很容易联想起历史上，每一次的大奸臣出场，例如严嵩、魏忠贤把握朝纲时，其朝政无不如乌云蔽日，朝野均是怨声载道，民不聊生。每一次的大忠臣出场，例如寇准、包拯、于谦等在朝居高位而自谦，弘正气而不阿，听着他们一次次的智斗奸臣的轶事，无不大快人心，民心所向。

又例如读到《论语·雍也》"知之者，不如好之者；好之者，不如乐之者。"就不禁想起古代的大家，无不是"乐"于其钟爱的事业，孜孜不倦地学习，进步和创新，才能取得大成就的。这让我想起"胸有成竹"的故事。北宋著名画家文同，为了画好竹子，不管春夏秋冬，刮风下雨，长年累月地在竹林子里头钻来钻去，对竹子细微地观察和研究。对于竹子在四季的形状有何变化；在阴晴雨雪天，其颜色、姿势有何不同；在强烈阳光照耀下和在明净月光映照下，竹子有什么两样；不同品种的竹子有什么特征，他都摸得一清二楚。所以画起竹子来，根本用不着画草图。不少人觉得这太辛苦了，但是在他们自己看来一点都不苦，因为他们都是"乐之者"，而不是一般的"好之者"。

由此可见，经典里的理论思想会帮助我们理解评书中的许多实例。反过来，评书中活生生的例子，又会帮助我们理解经典的句子。

例如我们经常听到评书里的众多有大成就的名人，大部分在小时候都是熬着苦日子出来的，像朱元璋、岳飞等等。总让我想起《孟子》的名句"故天将降大任于斯人也，必先苦其心志，劳其筋骨，饿其体肤，空乏其身，行拂乱其所为，所以动心忍性，增益其所不能也。"

评书里众多的明君和昏君，以及国家的兴亡，都逐一体现了"顺天者存，逆天者亡。""失天下者，失其民也；失其民者，失其心也。"的哲学思想。

讲故事，历来是学习道理的最佳方式。无论是释迦牟尼在世间讲授佛法，或是耶稣在世间传播福音，无不使用大量的故事和比喻来阐述道理。评书里的典故，处处体现了中国人的哲学思想和传统价值观，而这些都植根于中国的经典。

小孩子的人生阅历虽浅，但是听评书可以丰富他们的视野和生活知识，正好帮助他们学习经典里的道理。

三. 经典用"言"；评书用"语"

说起"言"和"语"，还真的有区别。"语"是指比较随意的话。例如鸟语花香、语无伦次、语焉不详、沉吟不语、牙牙学语、燕语莺声。"言"就不是随便的说话，聊天；而是比较深思熟虑的文章；或是有条理有章法的讲话。例如言之有理、一言既出、万言书、一言堂、一家之言、忠言逆耳、一言九鼎。

古人写文章都是深思熟虑，字斟句酌，所以经典里的句子是"言"。评书是语言艺术家把故事娓娓道来，用的是现代白话文，很多是我们随意的日常说话，较接近于"语"。在中文学习中，"语"和"言"的学习都是必要的。仅仅读经，对很多白话的常用语就很少机会接触。毕竟，我们学习一门语言，很多时候都是用在日常沟通。反过来，有的孩子只读白话文，到了文言文的学习，就止步不前。结果对于一些引用的经典名句无法理解，最后只停留在简单的白话文阅读，稍微有点深度的文章都难以理解。

让孩子从小读经典和听评书，就能让孩子在"言"和"语"两方面都能学习，极大地丰富孩子的语言素材。以后无论是文言文，或者白话文，孩子能做到耳熟能详，口熟能讲。

综上所述，经典与评书相得益彰，两架马车，必不可少。在中文和中国文化的学习上，都一样的重要。

第三节　文史哲医

中国几千年文化学术的一个很好传统就是文史哲医不分家，它们互相渗透，融通，你中有我，我中有你。在文学中有历史，历史学中有文学。无论文学作品还是历史文献，无不透着儒、释、道、法、墨的哲学思想。而中医的养生思想又和哲学密切相关。俗话说，"秀才学医，如笼中捉鸡。"就是说读了四书五经的秀才去转学医，是很容易上手的。

孩子在诵读经典过程中，不但领略了古典文学的语言美，更重要的是对中国哲学思想和养生理论的接触和学习。在听评书的过程中，孩子不但能了解中国历史长河中的众多典故，而且能学习丰富的语言，同时在典故中领悟做人的哲学智慧。

可以说，孩子们在读经典和听评书的整个学习过程中，文史哲医的知识是融会贯通地被汲取的，而且会相辅相成，促进彼此的理解和应用。反过来，如果没有基本的整体知识，单项学习也很难深入。

第四节　　小孩整体领悟力特别强

小孩子的整体感悟能力是与生俱来的。有很多例子表明，孩子在小的时候，通过跟大人一起阅读中文书，可无意识地记住不少字。也就是说孩子可以很轻松地把一些字的形象整个记住。但是这个时候，如果我们要求孩子把字写出来，他们不一定能写出来，因为他们对字的认识是整体感知和记忆，不是精细的分解记忆。所以在孩子小的时候，建议通过"混化认字"来熟悉汉字，而不是通过"精确认字"来强调字的结构和笔画，这样只会挫伤孩子对中文的兴趣和积极性。

同样的，孩子在这个时候的学习，我们必须注意整体性，也就是给他们一个整体的概貌。例如读经典，我们建议整篇地诵读下来，孩子自然会感受到经典中的文思如行云流水，一气呵成。每个作者写文章，都是有他整体思路的，如果我们过分强调每一字，每一句的理解，那么孩子就把注意力放在支离破碎的字词上，不但感觉不到经典之美，而且容易产生厌倦的情绪，反而不利于中文的学习。更何况，小小孩的理解能力比较弱，经典的精细讲解，他们也不容易理解和接受。

听评书也是一样的。有的家长给孩子听故事，喜欢找到什么就听什么。今天一个笑话，明天一个童话，后天一个相声。这样下来，孩子虽然能吸收一些语言素材，但是文化信息的学习不系统，孩子得到的也是支离破碎的文化信息。小孩子学习中文的时间是非常宝贵的，尤其是海外的孩子。如果把这宝贵的时间利用起来，让孩子成系统地听评书，孩子得到的收获必定是比东一耙西一锄地听笑话和故事的收获要大。

总的来说，在诵读经典上，小孩子应该是整篇，整段地反复诵读；在听评书上，小孩子也最好是整部评书，连续地听下来。

第八章　中文教育的整体规划

第一节　　根茎叶花果

说起学习，人们都会用学习成果来评估一个方法的绩效，这是可以理解的。只是如何评估成果是需要一定智慧的，评估的关键有两个：一是用什么标准来衡量？二是眼光有多长远，是一个月、一年、五年、还是十年？下面我们一步步分析。

一．两棵樱桃树

打个比喻，一颗植物最吸引人，最能表现的部分就是它的花和果实。但是，如果没有发达的根系，茂密的枝叶作为基础，就不可能有长久的繁花硕果。甚至连植物本身的生存都有问题。在这里，想分享一个真实的故事。

三年前，我家后院种了两棵樱桃树。有一棵树，第一年就结果了，但是长的叶子不多，也没有长出多少新枝。另外一棵树，第一年是一个果子都不结，枝叶却长得很好，一年下来覆盖了很大的范围。在这问一下，大家会喜欢哪一棵树呢？没错，有的朋友可能会选择那棵结果子的树。其实我开始也觉得第一年结果子的树品种好。到了第二年，那棵在第一年就结果子的树还是结了一些果子，但是只有十几个，而且叶子还是不多。我开始隐隐担忧了。那棵第一年不结果的树，在第二年只结了一个，它还是拼命长叶子。到了第三年，大家猜猜情况如何？那棵在前两年努力结果子的树死了，而那棵拼命长叶子的树，还活得好好的，而且结了二十多个果。

当时，我看那棵枯死掉的果树所在地方周围空间更大一些，心想不如把那棵活得好好的树移植过去。挖开泥土的时候，我发现第一年就结果子的樱桃树，根系还是小小的，但是那棵一直拼命长叶子的樱桃树，其根部非常发达。这个时候，大家再想想你会喜欢哪一棵樱桃树？相信心里都有答案了。

二. 关系与次序

通过上面的例子，我们可以看到，中文学习中的"文化、听、说、读、写"各部分的关系，和植物的"根、茎、叶、花、果"的关系有点相似。

读写 ~ 花果

听说 ~ 茎叶

文化 ~ 根

让我们来看一下上面这幅图。让孩子打好中文的文化基础，犹如植物把根扎深扎广；进行大量的语言"听说"训练，好比是植物把茎和叶子（也就是躯干）长好；而"读写"，好比是花果，是大多数家长急切想看到的结果。

从一棵植物生长的角度来说，是按照"根茎叶花果"次序，即先扎根，再抽叶，长茎，最后开花结果。站在中文学习的角度，从长远的整体规划来看，也必须遵循这个次序：先扎下文化的根，训练听说，再到认字，最后达到读写。顺应这个基本规律与次序，才有可能得到可持续的发展，并且事半功倍。在这里，我们讲的次序是指各个时期学习侧重点的次序，实际上各项学习内容在不同时期都是并行，而且相互关联的。在下文进一步分析。

三. 目标与评估

中文学习目标的制定与评估很重要，因为这决定了人们为了实现目标而努力采取的行动。这个跟企业里的目标管理，绩效管理和战略管理是异曲同工的。

说起目标与评估，对于一棵植物，人们最想看到的是花果；对于孩子的中文学习，家长最看重的是孩子认了多少字，能否自由阅读，能否写文章。这几乎是一般家长问得最多的问题。要回答这个问题，我们首先思考两个方面。

（一） 眼光看多远

我们让孩子学习中文，着眼点是在一个月呢，一年呢，还是五年、十年？相信很多家长会说是五年或十年后的效果。但现实是，人们更着重看一个月，或一年的。例如我刚开始教课，就有家长问我一年能教多少个汉字。我的回答是，如果家长的目光是盯着一年看的，那么快速识字法最能告诉你一年记多少个字，但是却不能保证孩子能否运用这些字，也不能保证两三年后还是否记得这些字。这样的效果就好比上面提到的那棵一开始就拼命结果子的树，根没有扎好，终不能长久。

现在的中文教学，基本是不重视"听说"训练的，而是直接教孩子认字，希望尽快进入阅读和写作。其结果则是欲速而不达。绝大部分海外中文学生的最终阅读、写作能力只达到初级水平，听、说也没练好。以至于很多中文班宣传教学成果时，只能说三个月记了多少字，一年记了多少字。殊不知，没法学以致用的记字，记忆能保持多久呢？我们也看到，有的孩子强记了不少汉字后，文化学习和听说训练跟不上，最终的结果是不但没法达到自由阅读，更有甚者是厌恶中文，再也不愿拿起中文书。

站在理性的角度，相信大部分家长是希望孩子最终能达到自由阅读。然而要达到自由阅读这个目标，可不是一蹴而就的，必须要有个五年的规划。也就是我之前说的，至少要着眼五年，更长远的是看十年后，期望孩子能达到和维持什么样的中文水平？

在此，我们特别强调，家长不要一开始就急于看到表现，千万不能逐末舍本。学习中文和中国文化，不能像吃快餐那样，不可能期望一年或几个月就过中文关，认字关，这个不实际，也不符合语言文化学习的规律。

（二） 每个阶段的目标

如果我们是着眼一个长期的目标，那么进一步就是细分到每一个阶段了。这包括后面将要提到的 0-10 岁中文教育安排，和五年中文学习规划。在这，我想着重提醒的是，每个阶段发展的侧重点有所不同，但并不是一刀切的，而是一个动态规划。

继续拿植物来做比喻，它在扎根的同时，也在长茎和叶。到了开花结果的时候，植物的根还是继续往深度和广度生长，它的茎和叶子也还是继续繁茂的。学习中文也一样，最开始是打文化基础，同时也在训练听说。到了一定程度，开始引入识字，但是文化学习和听说训练是仍然需要保持的。待到孩子的听说能力培养起来，中文的理解能力培养起来，识字量一上去，阅读就是水到渠成。在这个基础上，写作也可以逐步培养起来。有了这个大局观，后面的规划就好理解了。

总结一下，在孩子小的时候，把语言文化的根基打深打广，孩子才有足够的储备，到了后面认字，阅读和写作，事半功倍，而且是四两拨千斤，让中文学习的路越走越宽广。

第二节　0-10岁中文教育安排

小孩子学习中文，需要踏准他们成长的节点，安排合适的学习内容和采用合适的学习方法。下图做了简单的概括。

10岁前中文教育整体规划：顺其自然，排好次序。

胎儿期	0-3岁	4-6岁	7-10岁
听经典文章	听经典文章	读经典文章	读经典文章
听经典音乐	听经典音乐	听评书	听评书
看经典名画	看经典名画	听经典音乐	听经典音乐
游名山大川		看经典名画	过识字关
			阅读

❖ 听 ➡ 读 ➡ 识字
❖ 融入和配合公共教育，平衡发展。

一. 胎儿期

现代科学研究表明，从胚胎着床后，神经细胞便开始分化。在怀孕前 8 周是脑细胞形成期，怀孕 20 周左右是脑细胞增殖期，胎儿的听觉、视觉等神经系统便陆续发展，从怀孕 30 周到出生后，直至 3 岁，是脑成长活泼期，脑神经的神经元会持续进行树状突触发展。对这些神经突触的刺激与发展，是奠定胎儿日后许多能力（视觉、听觉、触觉、味觉、嗅觉、前庭觉、运动觉等）的重要关键。这就是现代胎教的科学理论基础。

正如前文提到的"意"，妈妈从心里发出的"声音"，是可以直接被胎儿接收的。同样的，胎儿还能感知周围环境的变化，与周围环境的信息进行混化。所以在这个时候，要创造合适的环境，母亲保持平和舒畅的心情，多用良好的意识跟胎儿进行交流，多听经典文章，经典音乐，有条件的话，可以游历名山大川，名山大川有着不一样的气息。没有条件的话，看看名画也行。现在不少例子表明，妈妈在怀孕的时候读经典，孩子出生后会对经典有自然的亲近和熟悉，到了说话的时候，经典就能轻松背下来，妈妈怀孕时多听名曲，孩子出生后对音乐有着特殊的天赋，妈妈怀孕时多看名画，孩子出生后对绘画艺术也会表现出自然的热爱。

二. 0-3 岁

这个阶段还是处于脑成长活泼期，是孩子的意识参照系形成的阶段。周围人与孩子的交流，以及生活的环境都会对孩子的一生产生重要影响。简单说，在孩子那如白纸一般的意识中，打上什么样的信息烙印，都将成为孩子灵魂的底色。

这时期由于婴儿的表达能力非常有限。不像学龄的孩子能将你读的诗背出来，教的字写出来。所以很多人忽略了这个时期教育，其实婴儿这个时期的学习能力是非常强大的。他们是将主要精力放在了吸收和整理信息上。在这个时期缺失的教育，有些是无法弥补的。譬如狼孩在小时候被狼收养，在这个黄金阶段，缺失了接受人类社会信息的机会，在他们长大后很难恢复成一个正常人的生活，也很难达到同龄人应有的智力水平。

这个时期的优育，首先要注意父母或婴儿的直接照看者对婴儿的影响。他们的言行，情绪乃至思想是婴儿对人类社会的第一印象和第一榜样。此时是性情教育的黄金时间。**父母营造乐观，和谐，欢畅，自然的家庭环境就是对孩子最好的早教。**反之，则极可能造成孩子日后的性情偏颇。

其次，就是可以让孩子多接触有智慧，艺术水平高的信息。主要是以听经典文章和经典音乐，看名画为主。

有一位明星爸爸分享到，他在女儿的婴儿床边轻声放《金刚经》，结果他女儿在四岁时就可以把《金刚经》背诵出来。有的妈妈在孩子婴儿期，一边摇着婴儿摇摇椅，一边给孩子读经典。孩子到了三、四岁的某一天，就突然把整篇经典背诵出来。

大家也知道，犹太人当中出现了很多天才，像爱因斯坦、弗罗伊德、海涅、肖邦等等，这跟犹太人非常重视孩子的经典教育有关。他们在孩子一岁半就开始读《圣经》给孩子听；

三岁的时候，很多孩子被送去类似私塾的地方，开始背诵祈祷文，而且不要求了解文章的意思；到了五岁，孩子们就开始背诵《圣经·摩西五经》。大家可以看到，他们在这个黄金阶段，给孩子源源不断输入高级的信息，为其一生奠定非常好的参照系和语言基础。

这样的例子是不胜枚举的，都说明了在婴幼儿时期，给孩子感受和谐的家庭气氛，听最高级的东西（经典文章，经典音乐），看最高级的东西（经典名画），孩子都能像海绵一样统统接收其信息。

三. 4-6 岁

在这个阶段，孩子的语言由隐性发展逐渐转入显性发展，理解能力慢慢变得细致，发放能力慢慢增强。这个时候，孩子可以开始读经，听评书。如果孩子在胎儿期和 0-3 岁有听经典的话，他们到了 4-5 岁时，就能自然接受读经，还有不少孩子能轻易地直接背诵。

如果孩子在这个时期有大量的机会去熟悉经典和评书的内容，那么在他们的大脑里，就会自动编织一张语言文化的大网。再到了一定时候，他们自然就会对汉字感兴趣，而且这个时候，他们认得的字，就会自然而然地结合到他们大脑里已经编织的语言文化大网中。

可以说，中文学习，认字不是最关键的。当然，大家千万不要误会，我不是说认字不重要。我要说的是，没必要在孩子很小的时候（譬如说三、四岁的时候），就拼命认字，刷字卡，或者讲解汉字的意思。而且那个时候，花很多时间认字，收到的效果不一定理想。关键是，让孩子运用他们强大的，像海绵一样的吸收能力，进行整体的语言文化的学习。只要这个语言文化的基础打好了，将来的认字是水到渠成的。

四. 7-10 岁

在这个阶段，除了继续坚持读经和听评书外，可以逐步加入精确认字。由于在之前的读经中，孩子已经无意识地进行了"混化认字"，到了这个年龄阶段，孩子的精确认知能力增强，再进行"精确认字"，孩子就会觉得是轻而易举、自然而然的事情。

第三节 平衡发展

前面讲了那么多中文学习的重要性，有的朋友以为我是"唯中文教育至上"，甚至有的家长担忧地问，是不是要每天把主要时间和精力都放在中文学习上，都是读经典，听评书啦？其实不然。我也不主张孩子就只是看中文影片，我自己的孩子在小的时候也看不少英文的纪录片。因此在这，我想好好谈一下平衡发展。

在中国文化里，一个很核心的思想是"中庸"，即是不偏不倚，平衡和谐地发展。大部分海外华人孩子生活的环境决定了他们不能只学中文，他们必须是在学习其他语言（英文，法文，德文等）为主的情况下来学习中文的。因此我们给孩子安排的中文学习，也必须是和孩子的其它学习活动达到一个平衡和谐的状态。

一. 平衡各面发展

目前海外孩子成长的教育环境，主要包括当地的公立教育，私立教育，教会教育，或者家庭私教（Homeschool）。无论何种教育环境，其教育的目的主要有两方面，一是让孩子掌握一定的知识和技能（英、数、理、化、史等），二是让孩子培养良好的习惯和社会理念。无论孩子成长于哪一种教育系统，孩子必定要融入当地的文化，才能如鱼得水。我们让孩子学习中文和中国文化，其目的不是让孩子排斥其他文化，唯中文独尊。相反，我们是希望孩子们利用自身中文和中国文化的优势，贯通中西，将来能更好服务于社会。这里包括以下方面的平衡：

> 本地教育与中文教育的平衡。

> 德智体的平衡发展。

> 各种才艺的平衡发展。

> 自我成长与服务社区的平衡发展。

换句话来说，孩子的教育是全面综合素质的培养。海外华人让孩子学习中文，只是孩子素质培养的一个方面，就好比是一座建筑物底部的一块基石。我们给孩子学习中国文化与中文，就犹如给他奠定一块大大的基石，但是这块石头不能代替全部基石。这块基石还要和其他基石互相咬合，才能共同支撑上面的建筑物。

二. 平衡分配时间

正如前面说的，海外华人子女大多数是在兼顾了学校学习和各项活动的情况下，"兼职"学习中文的。既然是"兼职"，就意味着如何跟"主业"分割时间了。因此，大家经常说孩子没有时间学中文，特别是中学生。那么我们来看看美国的中学生到底在忙什么？

在这里，我们用美国华盛顿州表威尔市的公立教育做一个参考的图表。我们可以看到孩子们在小学阶段都比较轻松。从初中开始，到高中毕业，各种任务是快速递增的。

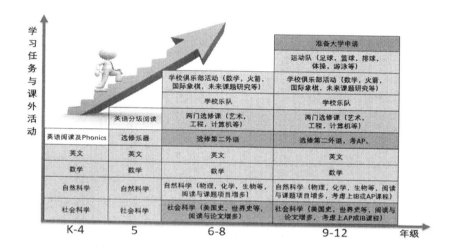

在初中，孩子们要学四门必修课加三门选修课。每天七门课加老师布置的作业。很多孩子会参加学校的乐团和各种俱乐部活动，例如数学，国际象棋，火箭，机器人等。有的还会参加社区活动，服务社区；参加一些兴趣班或者比赛，例如舞蹈，武术，美术，溜冰，钢琴，游泳等，这些活动都会占用大量时间。

到了高中，除了以上提到的学业，学校活动，课外活动外，孩子们都开始为申请大学做准备，包括考试，了解大学，准备申请材料等。同时很多学生会选择修 IB 课程 (International Baccalaureate Diploma Program)，AP 课程(Advanced Placement)，和准备 AP Test。经常听到一些高年级的学生抱怨，他们每天只睡五六个小时，感觉美国的高中生一点都不比中国大陆备战高考的学生轻松。

根据观察，我们可以粗略估算在各个阶段，孩子每天可能挤出来学中文的时间。

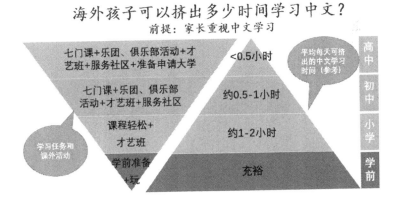

海外孩子学习中文的黄金时期就是中学之前。

不难发现,海外孩子学习中文的黄金时期就是中学之前。

所以，海外孩子的中文教育，必须有整体观和整体安排。具体就是要配合他们所在教育系统的节奏，安排切实可行的时间表，平衡孩子各方面的发展，包括他们的身体健康发育，各种技能技巧的培养，服务社区的意识等等。如果达不到这种"平衡"的状态，孩子的中文教育就会因为无法坚持，最终半途而废。

第四节　学习的场

前面讲了海外中文教育的思路和规划，看起来似乎可以马上行动了。但是很快就有妈妈来跟我反映："蓝图很美好，但现实中很难执行啊！"听完种种述说，一个很关键的因素被忽略了：学习的场！直白地说，就是气氛。

当年自己在家带孩子读经，也深有体会。感觉如果没有一个群体的作用，自己是很难坚持的，于是才有了读经小组的诞生。也正是依靠读经小组的场，我们的孩子才能一路坚持下来。

同样的，我的不少学生家长也反映，之前在家没法带孩子读经。直到把孩子送过来上课，才让读经成为孩子生活的一部分。想想也是，孩子们在一起诵读，一来是觉得好玩，二来看到别的小朋友能读下来或者能背诵了，在心里也自然地形成一个信息："我也行！"孩子们就在这种相互的正能量影响下，越读越起劲。在最近一个五天的《大学》夏令营里，有两位 9 岁和 12 岁的男孩。他们的妈妈之前尝试在家教孩子读经，都难以实行。来参加夏令营，短短五天，两个孩子能把《大学》读下来，而且回到家还忍不住哼着《大学》上楼梯。这就是"学习的场"的力量！

因此，我也奉劝各位家长，最好是几家孩子聚在一起，制定详细的教学计划，按步骤班地执行下来。不然的话，没有一个好的学习场，半途而废，最后是浪费了孩子宝贵的学习中文的时机。

特别补充一下，"学习的场"里有三个榜样很重要。

一. 老师

上课的老师，是否热爱读经，是否热爱中国文化，孩子直接就能感觉到。在课堂上老师的职责就是调动整个学习的场，处处体现对经典，对中文和中国文化的热爱，孩子们就会自然而然跟着亲近经典，喜欢中文。

二. 父母

在家里，家长需要坚持带孩子读经。如果家长本身对于读经是持半信半疑的态度，孩子也能感觉到而不会喜欢读经的。如果希望孩子能坚持读经，家长自己本身就要起带头作用。

三. 同伴

同伴的影响也很重要。在实践中，我们发现，如果一个集体中有学得好的孩子，其他孩子也会跟着模仿。例如我有两个班，上课的内容是一样的。第一个班上课的时候，一个孩子建议把《大学》全部从头到尾读下来，接着第二个孩子也附和。于是所有的孩子就一起把《大学》读下来了，而且是越读越起劲。到了第二个班，没有孩子提出把《大学》全部读下来，于是我就要求大家一起来读。虽然孩子们算是读下来了，但是斗志明显没有之前那个班好。这就是同伴影响力的作用。

第九章　外语学习与机器翻译

　　我们生活在科技高速发展的时代。2016 年最热门的科技词语，当属"人工智能（Artificial Intelligence）"。面对着各种功能越来越强大的翻译工具，不少家长会问："有了机器翻译，还有必要学习外语吗？"是的，科技的发展正以前所未有的速度改变着我们的生活和工作模式。我们孩子的学习内容也必须适应未来的发展。谈到未来的外语学习，如果从看懂路牌、菜单，或者是读懂科技类书籍的角度来说，确实已经没有必要花那么多的时间和精力学一门外语。但是，**从适应新科技时代的发展和增强自身竞争力的角度来说，现在比以往任何一个时候更有迫切的需要去掌握好一门或多门外语，尤其是中文**！虽然我们很难预测人工智能会创造什么新类型的工作，就如电气时代前，人们很难想象有这么多的程序员职位；但是我们可以预测对于现有的工作，人工智能会替代什么，而不能替代什么。最近两年已经有很多专家和机构在预测未来三十至五十年人类的热门工作是什么，大致概括如下：

1. 高端科技人才，如大数据，人工智能，生物科技和各行业的科学家。

2. 复杂模式和跨学科的判断者，政治家，企业管理者等等。

3. 文化创意工作者，如发掘人类体验、兴趣和爱好的创作人、娱乐艺术行业。如艺术家，音乐家，导演，作家等等。

4. 人际服务者，通过深度的人与人互动来工作。如高端服务业，高端的心理咨询师、健身教练等等。

我们可以看到，要适应未来的发展，我们的孩子除了要具备专业知识与能力，还要注重培养他们的创造能力，社交能力，审美能力，以及跨行业、跨文化的知识。尤其是创造力和社交能力，这两项是人工智能比不上的。而学习多种语言与文化恰恰有助于提高这两方面的能力，下面我们来分析一下。

第一节　有助于创造力灵感的产生

在可以预见的将来，创新式思维就是个人与企业竞争力的优势所在。而越来越多的研究表明，会说不同语言的人，在发散性思维和文化敏感性测试中都取得比较高的分数。他们往往思想更开放、更活跃，并且更容易从不同的文化体验中获得创造灵感。

为什么呢？因为通过学习多门外语，可以开阔人的视野，可以从多个角度看问题，提高问题的解决能力。就像查理大帝（Charlemagne）的一句名言所说："学会另一种语言，得到另一个灵魂（To Have a Second Language is to Have a Second Soul）"。

一个人的思维模式往往受到所生活的文化环境和所用语言的影响。比如一个会说芬兰语的人，肯定懂得怎样描述不同的"雪的世界"。因为在芬兰语中，有各种各样关于"雪"的词汇，而阿拉伯人可就没有这么多关于雪的词汇了，这是他们的地理位置决定的。这样一来，芬兰人在冬天冰雪奇缘的世界中能够用更丰富的表达来描述自己的经历也就不足为怪了。一个不懂芬兰语的阿拉伯人，必定想不出那么多的关于"雪"的描述词汇。但是，如果一个阿拉伯人学习了芬兰语后，从相关的文学作品中就会学习到丰富的关于"雪"的描述，就会在大脑里想象和"体验"冰天雪地的世界。如果某一天，这个阿拉伯人突发奇想，把芬兰的冰雪世界体验带到阿拉伯，这就是创造力灵感，也许会带来莫大的商机。

多学一门语言，多了解一个文化，大脑储存的信息越多，融会贯通而激发的灵感越多。现代科技的不少灵感，就是孕育于科幻小说中的。例如 Paypal、特斯拉和 SpaceX 的创始人伊隆(Elon Musk)从小爱看科幻小说，他的不少创造灵感也源于科幻小说。不少人也许说，别人的科幻小说就是有创造力，中国的文学就缺乏这样的创造力，中国人缺少想象力和创造力。其实不然。在中国的四大名著之一的《西游记》里，就充分展示了丰富想象力，例如什么筋斗云，七十二变，分身法，定身法，避水法，瞌睡虫，等等，堪比一部引人入胜的科幻小说。在飞机还没有发明之前，中国的老祖宗就有飞天的想法了。如果科学家们看了《西游记》后，把那孙悟空的法术尽数变为现实，不知道又将引发一场怎样的科技革命了。

换句话说，如果一个人如果不懂中文，不懂中国文化，没看过《西游记》，又怎么能体验到中国文学中的创造力，又怎么能得到这些创造力灵感呢？

　　由此可见，多语文化学习能够帮助我们从另外一个角度去观察世界，从而影响我们的思考。Panos Athanasopoulos博士，语言和双语学领域的专家，是这样告诉我们的："语言、文化和认知三者之间有着不可分割的联系。"

　　拥有多语能力的孩子，在将来有更多机会接触多元文化。一个人眼界越开阔，大脑中储存的信息越丰富，在对这些信息整合的基础上，产生创意的可能性就越大，其创造力就越强！

第二节　　扩大人际交流圈

　　无论科技如何进步，社会的基本元素还是人，人与人的交流能力成为衡量竞争力的一个很重要的标尺。

　　让我们来看看，无论是社会运作游戏规则的制定，还是国与国的交流，或者是商业的交往，都需要大量的协商与谈判。而这些是机器无法替代的，因为我们谁也不想和机器去谈生意。多懂一门外语，多了解一个国家的文化，就有更多的机会与更广泛的人群交流。

也许有人说，随身带个翻译软件交流就好了。如果是去旅游，翻译软件是可以帮上忙。但是如果是想跟别人进行深入的交流，建立人际关系的话，翻译软件的效果不但远远不及人与人的直接交流，而且还可能闹出笑话，甚至是误会。下面让我们来看看为什么在一些重要的场景中，人与人的直接交流比机器翻译重要。

一. 增强情感表达

人的语言可以携带细微复杂的语义和感情。同样一句话可以和诸多因素有关，如语气、轻重、长短、上下文、社会背景，人物背景、表情、肢体动作等等。例如简单的一句问候"你好吗?"在不同的语义环境下，说得快或者慢，升调或者降调，拉长声音或者短促，传递的信息可以是完全不同的。把握这些细节对于人与人的交流至关重要。而这些细节，机器翻译是很难替代的。

事实上，无论哪一种语言，哪一个文化，都有着它们感情表达的不同方式，在语言表达上也有着各自丰富的词汇，以及同义词之间的细微差别。对这些词语的运用，非常依赖于一个人对自我感情表达的把握，而机器，在目前是无法读懂人的心和进行这么细腻的感情表达。

二. 避免翻译误导

澳大利亚前总理陆克文是第一位能说流利汉语（普通话）的西方国家领导人。他曾在墨尔本大学西德尼·梅尔亚洲研究中心（Sidney Myer Centre for Asia）发表了名为《在亚洲舞台上寻找立足之地》（Finding a Place on the Asian Stage）的演讲，其中指出：邓小平的名言"韬光养晦"被西方翻译为"hide your strength and bide your time"，这使西方的政治家一直误解中国"狡猾地"隐藏真正实力，等待最佳时机再出击。陆克文称，这误读了邓小平说这句话的真实含义，由此也让各国在处理与中国的关系时，保持着不必要的紧张感。这句格言在中国语境中的实际含义"要和善得多"。"韬光"的字面意思是收敛光芒，即避免抛头露面。"养晦"的字面意思是隐形遁迹，修身养性。邓小平的意思是我们要搞好国内的环境与自身建设，而不是伺机出击他国。陆克文指出，如果我们真的对翻译误导（lost in translation）进行讨论的话，这就是典型例子。人工翻译尚且出现翻译误导，更何况机器翻译呢？

每一种语言，除了各自丰富的词汇外，还存在着大量的一词多义。在中文里，这种现象是数不胜数。看看下面这个笑话，就知道了。

《"意思"的意思》

过年了，小明去领导家送礼。

领导："你这啥意思？"

小明："意思，意思。"

领导："你太有意思了。"

小明赶紧说："没啥意思，小意思，小意思。"

领导半推半就地说："那我就不好意思了。"

在这里，要把"意思"的意思精准地翻译好，对机器来说还是很有挑战性的。

又例如，中文的许多成语背后都有一个故事。如"纸上谈兵"，"围魏救赵"，"空城计"等。只有知道这些成语背后的故事，才能在交流中用相应故事的内容、背景或人物来应答。

再想想如果想要翻译五行、八卦、风水等词语呢？英文里连相近意思的词语都没有。那就必须连文化一起解释。要理解像《道德经》一类的作品，恐怕学好中文是唯一的便捷路径了。

三. 应用模糊语言

人的语言与计算机语言不同，在于人的语言是有模糊性的，而这种模糊性又常常有它的妙用。

大家都知道，在谈判或试探对方意图时，讲话需要有回转余地，话就不能太直白，往往需要一语相关，潜台词等。有些信息的传递，是只能意会，不可言传。这时候运用模糊语言，可以避免说得太直白、突兀，让人更容易接受。举个例子，如果一位男士在半晴半雨的天气邂逅一位中国姑娘，并喜欢上这位姑娘。那他给姑娘说出刘禹锡的名句"东边日出西边雨，道是无晴却有晴。"这样，既表达了自己的情感，又不会担心一下子把姑娘吓跑了。

模糊语言是只可意会，但不好用机器翻译的。反过来说，如果真的有一天，机器能够把人的思想读得一清二楚，那可能就是机器统治人类了。

四. 文化交流的入场券

在全球一体化不断加深的时代，我们看到越来越多的跨国移民、留学、投资、贸易、婚姻、旅游和学术交流等等。无论公司与公司，还是人与人，比以往有更多的机会接触多元文化，以及与不同文化背景的人进行交流。而学习其他语言，是参与其他文化人群交流的入场券。

2017 年初，习近平主席访问美国，美国总统特朗普的外孙女演唱了中国的传统歌曲《茉莉花》，背了《三字经》和唐诗，一下子拉近了彼此的距离，营造了良好的会谈气氛。

除了国与国的交往，人与人之间跨越文化的交流也处处体现出掌握多语与了解多元文化的重要性。和不同族裔的人交往时，如果你会一些他们的语言或文化，往往能营造友好愉悦的气氛。例如在中国春节前后，很多同事用生硬的中文跟我说"新年快乐，恭喜发财。"一下子就把人与人的距离拉近了。有一次，我查了 Hello 在印度语里的发音是"namaste"，然后去见几位印度朋友共进午餐。我一说出这个词，她们兴奋得给我一个大大的拥抱。即使我的发音并不字正腔圆，但是这种开放的心态与乐意接受他国语言与文化的态度，帮助我和谐地与不同族裔的同事相处。

马云在对台湾大学生的演讲中谈到小时候，他莫名其妙地突然对英文感兴趣，于是每天早上骑自行车到杭州饭店门口，找老外练习英文。这个经历坚持了九年时间，他觉得受益最大的不是语言，而是了解了西方的一些思考。他说道"在学英文过程中，你学的不是语言，而是文化！……直到今天为止，我到全世界各地去跟人家合作的时候，由于我懂英文，我明白他背后的出发点是什么。否则你通过翻译，有时候很艰辛。"也正是这些"内外不同"的立体思考方式，为他将来的创业奠定了很好的思维模式。由此可见，掌握多门语言，除了有利于文化交流外，还可以帮助一个人通过同时体验"内"和"外"（从外国人的角度来了解本国文化），从多个角度来分析事物，从而拥有立体的世界观。

第三节　　扩展人的艺术体验

　　语言本身可以是很美的,它和多种艺术形式结合在一起,如中文歌曲、相声、戏曲、评书、诗词、对联和小说等等。我们前面说过,机器翻译可以将"科技类"的书籍翻译得很好。因为自然科学讲究精确,无二义性,这很适合机器翻译。而文学作品就不一样了,一篇好的文章翻译之后是不是还能保持原来的艺术水平呢?比如说王勃《滕王阁序》中的"落霞与孤鹜齐飞,秋水共长天一色。"短短两句,描绘出一幅绝美的画面,给人以深刻的美感。诗中有画,这种艺术感恐怕是机器很难翻译的。

更进一步来说，人的很多生命活动都是为内心的感受服务的。语言艺术表达出来的内容是我们精神的粮食，是我们对美好世界的体验。多学一门外语就给我们多开启了一扇文化艺术之门。至于不同文化精华给我们带来哲学和人生意义的指导，那更是意义重大。这一点，我们在读经的意义一章中已经有详细论述，在此不再重述。

第四节　　人工智能时代中文学什么

科技的进步，使信息的传播和获取变得越来越便捷。学习外语也变得越来越容易。以前我们学习英文时，要听到原声的英文新闻和故事都很不容易。而现代的互联网已经使文字，声音和视频等各种媒体消除了国界。二十年前，我们需要在厚厚的字典里查找单词，用卡式录音机锻炼听力。但是现在，网上字典随手可得，手机里各种功能强大的应用软件可以让我们随时随地学习语言，这种模式在二三十年前就像是科幻小说里的场景一般。

那么在语言学习资源越来越丰富的科技时代，在机器翻译越来越便捷的人工智能时代，对中文学习又有什么新的要求呢？

如前所述，如果仅仅是为了应付旅游的简单口语，阅读技术资料和一般的新闻，那么，机器翻译就可以完成了。还真是不需要学习中文了。但是，如果我们想要在未来社会中更有的竞争力，那么学好中文将会给我们增加很多机会。可以使我们的思维更宽广而有创意，可以增加与华语人群的交流能力，可以体验中文带给我们的人文艺术美。

我们想特别指出的是，让孩子单纯地识字只是具备了一台翻译机器的基本功能，若想要有进一步的沟通，就必须具备丰富的中国文化知识。可以说，**今后的中文学习必须是以文化学习为中心，重视听力和口语的训练。**这样才不会被机器取代，才能与讲华语的人直接进行深层的思想交流。

在众多可选择的语言学习中，中文的学习越来越受到重视。原因很简单：中文是世界上使用人数最多的语言、华人遍布全球各地、中国综合国力的迅速崛起、庞大而强劲的消费市场。再说，每个民族都有自己优秀的文化。中国文化源远流长，博大精深，可以说是东方文明的代表，与西方文明相比，有很多独到的地方，有很强的互补性。华人子女如果没有利用自身的优势学好中文，那是非常可惜的。

综上所述，在人工智能时代，机器还是没法像一个真正的人那样体验人类的需求并产生创造力，无法代替人类进行情感的表达，无法进行深层的语言艺术创造。学习中文，识字只是很基础的一部分，更重要的是学中国文化，并重视听力与口语的实用训练。

附录 经典高频字学习法

　　如前文所述，海外学中文的孩子在听、说训练和中文文化知识汲取都严重不足的环境中，需要有步骤地专项学习语言文化。因此我们创新式地提出了"先语言文化，后识字"的理念，并编创了全新的"同乐中文"学习法。这种学习法完全改变了以往海外中文教育中识字先行，以识字为中心的教学方法。而是根据小孩子智力发育的规律和知识结构的前后关系，采用以听说和文化先行，更符合自然语言学习规律的教学方法。在学习初期，语言文化占的比重大，识字的比重小。随着学习进程的推移，两者的比重也在不断变化。

　　曾经有家长问，"我同意'先语言文化，后识字'的理念，那么什么时候引入识字合适呢？"在这里我想分享一下同乐中文的识字教学实践。其实语言文化和识字的学习并没有很明显的界限，在整个中文学习过程中两者都是并存的。只是不同阶段，侧重点不一样。同时，同乐中文的识字安排与其语言文化教学内容密切结合，使小孩子学了字马上可以派上用场，以便复习巩固。同乐中文识字教学分为多个阶段，下面介绍一下前两个阶段。

第一节　混化识字

　　第一阶段是混化识字阶段，主要是指小孩子通过**"无意记忆"**记住在他们生活环境中接触到的一些汉字，比如说家里挂的字画，带有汉字的商品，家长讲中文故事书中的汉字等等。同样，在读经过程中无意记住的一些汉字也属于我们说的混化识字阶段。现在流行的一种读经方式是"指读经典"。我们也建议在开始阶段采用"指读读经"，指读可以在一定程度上帮助孩子提高注意力，也可以帮助孩子留意字形，让孩子记住一些字。在孩子小的时候，"无意记忆"能力相对强。这一阶段我们建议多创造机会让孩子接触汉字信息，与其自然混化，而不强调有意识记住某个特定的字。

第二节　"经典高频字"学习

　　第二阶段就是学习"经典高频字"。在我们一年级的班中，大部分学生都是之前就已经有一定读经基础的。经过了七周的进一步学习，孩子们达到流利读经，并养成读经习惯，不少小孩还熟读成诵；听书也基本上路了。从第八周开始，我们逐步增加了识字的学习。

在此我们分两步来深入讨论：

一. 为什么要开始有意识的识字

首先，随着孩子的成长，单纯的"无意记忆"已经不能满足学习的需要。无意记忆的能力带有很强的天赋性，这也是各国特战队员考核的一部分，要求无意中见过的人或事，经过的地方都能迅速记住。但这是因人而异的，不是所有人都可以有这么好的天赋，或者经过训练而具备这样强的能力。从另一方面来说，善于"无意记忆"的人在进行"有意记忆"时，并不一定总是占优势。有的人进行"有意记忆"时就特别有办法，特别在行。而且无意记忆和有意记忆是相辅相成的，并在一定的条件下可以相互转化。所以我们要适时加上"有意记忆"识字。两种方法并用，两条腿走路。

其次，孩子读经渐熟之后，指读认字的效果就下降了。因为小孩子从头脑中直接提取下一句的速度远远快于用眼睛看了再反应到脑的速度。往往到了这个时候，孩子也就不太愿意指读了。

二. 选什么字，如何高效识字

（一） 记忆规律

在阐述选什么字，如何高效识字这个问题前，我们先来了解一下记忆的规律。一般来说记忆分为"短时记忆"与"长时记忆"。我们希望孩子对字的记忆是"长时记忆"的。如何让"短时记忆"转为"长时记忆"呢？主要有以下三个途径。

➤ **多次重复**：特别是在学习新内容的初期，高频率地重复。

➤ **加深印象**：有时印象深刻的事件一次就能形成"长时记忆"。

➤ **关联记忆**：将新内容关联到一个知识网络上。比如说我们有时为了密码好记，就选用电话号码做密码。

（二） 经典高频字学习法

为了提高识字效率，同乐中文综合了以上几个方面，创建了一套"经典高频字学习法"作为第二阶段的主要识字方法。

➤ **选择"经典高频字"，把力用在刀刃上**

　　既然是熟读经典,很自然的想法就是将经典里的字记住。市面上也出现了经典不二字卡。通过我们的分析,在经典里,有的字出现频率很高,但有相当部分的字出现频率却很低。例如在《大学》里,共有 393 个不二字,其中 184 个字只出现了一次。在读经的过程中,孩子们对经常出现的字,可以轻而易举地记住。而对那些偶尔出现的字,要记住是比较难的。如果纯粹按照不二字的字表来学习,其中的低频字就需要另外抽时间重复强记,孩子们也会学得痛苦。相反,如果我们从高频字入手,由于出现次数多,从记忆的规律来说,经常得到重复,只要稍讲解,孩子就能自然地记住。而且,由于这些字出现频率高,孩子需要学习的字并不多,就可以看懂经典里大部分的内容。

　　比如说,我们第一批筛选了《大学》里前 60 个的高频字进行学习,其中剔除了"曰","兮"、"矣"、"毋"等现代文基本不用的字。这 60 个高频字累计出现了 1104 次,而《大学》通篇只有 1753 个字。在孩子们反复诵读经典过程中,这些高频字很容易被重复碰到上百次,要识记它们也是自然而然,水到渠成的事。反过来说,学完了这 60 个高频字,孩子读《大学》的时候,会有 62%的内容是认识的字。学习是需要有些激励的,最好的激励莫过于能够学以致用。在读经中,遇到越来越多认得的字,对小孩的心理就是一种正反馈。

> **➢ 关联性的练习题，兼顾字与经典句子的复习**

前面我们提到关联性对长期记忆的帮助。其实选择经典中的字来开始学习，其本身就是一种关联式记忆。

因为孩子们对经典的章句非常熟悉，而字就像是挂在经典章句上的一颗颗珍珠，所以从经典句子的字开始学习，就大大降低了记忆字的难度。例如说到"学"字，孩子们很容易就会联想到"大学之道，在明明德。"。而且，如果学习的对象（字），与关联的对象（经典句子）两者都是很有意义的学习内容，那么整体学习的效率就更高了。我们安排的认字练习题，就注意了字与经典的关联。

从另一个角度说，经典的记忆也是有一定的遗忘率的。随着学习向前推进和学习内容的增加，以前记得的经典有可能部分被遗忘。通过我们的认字练习题就能不断关联回以前曾经熟悉的经典名句，同时让经典的遗忘率降低，达到温故而知新的效果。更重要的是，让经典的思想不断滋养孩子的成长和人生。

> **➢ 印象深刻的汉字讲解，文以载道，字有真意**

同乐中文的每一节课也都是经过精心准备的。为了提高课堂时间利用率，我们的课程内容，无论是文化讲解，还是字的学习，全部制成 PowerPoint 课件，图文并茂。因为图片往往能在更短的时间传递更多信息。在识字的教学中，为了让学生对所学的字一下子就能形成深刻的印象，对于每个汉字的讲解，我们都参考了说文解字，字源字形，遵循"生动形象，寓意关联"的原则，揣摩着用形象，直白，容易理解的语言和动作给孩子们讲解。

例如，我们在讲汉字"衣"的时候，会顺便把"服"也讲了。

首先，我告诉孩子们，现在的人讲"衣服"是一个统称。但是在古代，"衣"和"服"是有区别的，"衣"是指穿在外面的，例如大衣，外衣等；"服"是指贴身穿的那一层，所以有引申词"服不服"，"心服口服"。

第二步，有了之前文化背景介绍后，我就给孩子看"衣"的汉字演变，再看古代汉服的图片，就会发现"衣"字基本是古代汉服的图画演变而来，还保留了衣领，衣袖，下摆等。有了这个印象，孩子们就可以轻易地记住"衣"的结构和笔画。

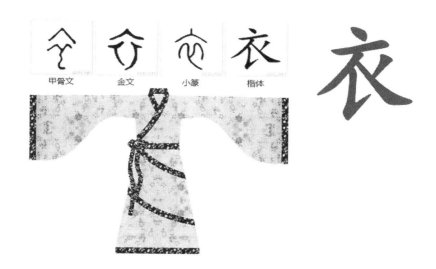

甲骨文　　　金文　　　小篆　　　楷体

　　第三步，我给孩子们讲"服"字。由于"服"是穿在里面贴身的，所以它由两部分组成。左边的是"月"，我就让孩子们回忆一下有"月"字旁的字，往往是跟身体有关的，所以古人造字的时候，也给了它一个"月"字旁。它的右边是"皮"少了一竖，因为服是贴着皮肤的，所以就给它一个跟皮很相近的结构来表示。记住了"月"和"皮"少一竖，孩子们就很轻松记住了"服"。然后配上插图：

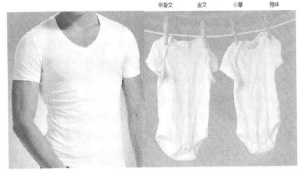

　　通过这样的配图教学，形象而生动地把字给讲解了。往往能给孩子一个深刻的印象，有助于记忆。而且，字形里的文化使得一个原本生硬刻板的符号成为有生命，有活力的字。孩子们以后再观察新的汉字的时候，也会思考其中的文化内涵，会留意字的细节，为将来他们区分大量的形近字，同声字，多义字一点一滴地奠定了基础。

　　总体来说，幼儿班和一年级都是以文化学习为主。一年级的学生逐渐过渡到兼顾识字，而且识字的速度逐步增加。以下附《大学》60 高频字供参考。（在同乐中文的学习课程中，高频字的选取始终与当前所读经典保持同步）

《大学》60高频字

其	之	所	以	者	本	至	齐	道	仁
为	有	人	子	也	末	诚	天	德	财
此	后	于	国	民	上	必	下	无	先
知	如	不	谓	恶	未	可	一	自	修
君	家	能	而	好	治	明	利	得	善
身	心	则	在	正	故	云	止	是	诗

　　一年级学生在第二学期，开始诵读《中庸》。在识字的挑选上，加入了《中庸》高频字。到一年级结束的时候，共计教字约三百，覆盖了《大学》和《中庸》80%的内容。孩子们在家读经典的同时，也就复习了汉字。

Made in the USA
San Bernardino, CA
14 August 2017